AVANT-PROPOS

Les études rassemblées ici concernent principalement la phonologie du français . Elles présentent une certaine diversité, puisque deux d'entre elles abordent la phonologie à travers la graphie, une, l'ancien français, une, l'intonation, une autre, la morphologie du groupe verbal; une certaine homogénéité en même temps, puisque par exemple cinq d'entre elles traitent de problèmes concernant les frontières de mot, de morphème ou de syllabe (touchant ainsi la liaison, l'e muet, et son statut en vers et à la rime, le mot phonologique, l'h aspiré, les rapports phonologie/syntaxe, etc). A l'exception de celle de Néoptolème Crouzet, empêché pour des raisons évidentes, elles ont été présentées au colloque de phonologie du français qui s'est tenu à l'Université d'Aix-Marseille II à Luminy en mai 1976 . Ce colloque a été organisé avec l'aide de membres du département de linguistique française de l'Université de Provence, grâce à une subvention du directeur de l'UER Scientifique de Luminy, Mohammed Mebkhout .

Jacqueline Louis-Palluel et Françoise Marchand ont tapé et corrigé les textes; la maquette de la couverture est due à Françoise Marchand .

Benoît de Cornulier
François Dell

BOUNDARIES AND RANKING OF RULES IN FRENCH PHONOLOGY

Hans Basbøll
(Odense Universitet)

In the following pages, I shall present some points raised in my paper "Frontières et *rang de règle* dans la phonologie française" which I read at the "Colloque de phonologie (du français)" at U.E.R. de Luminy (Marseille) on May 14-16, 1976. The present version is an informal one which draws heavily upon a preliminary paper on "Grammatical boundaries in phonology" (in Annual Report of the Institute of Phonetics, University of Copenhagen vol. 9, 1975, abbreviated ARIPUC).

The paper is organized as follows: In section 0, I rather sketchily discuss the function of syllables in phonological rules, and in section 1, I consider the question of *grammatical boundaries* in phonological rules with particular reference to French. In section 2, I discuss the *evidence* for grammatical boundaries (with examples from French, except that the notions of productivity and sound change are being considered using Danish examples, in sections 2,6 and 2,7 respectively). In section 3, I conclude by stating a very general hypothesis on the function of boundaries in phonology, a hypothesis which should, of course, be put to scrutinizing test. (The reader is referred to Basbøll forthcoming for detailed documentation on "e-adjustment" which was one of the main topics of my oral presentation.)

0. THE FUNCTION OF THE SYLLABLE IN PHONOLOGICAL RULES

0.1 The syllable as a unit in phonological rules
In his dissertation (1968 p.36), James D. McCawley used stress assignment in languages with a predictable accent as an argument for the reintroduction of the syllable into generative phonology (as a matter of fact, reintroducing well-established pre-generative notions has become a favorite way of making progress in generative phonology).

Take the simple rule for Polish stress. According to the SPE-conventions:

$$V \rightarrow \begin{array}{l} + \text{ stress/} \underline{\quad} C_0(VC_0) \,\# \\ \text{or:} \quad \underline{\quad} (C_0V) \, C_0 \,\# \end{array}$$

But with S (the syllable) as a possible unit:

$$S \rightarrow + \text{ stress/} \underline{\quad} (S) \,\#$$

which is much superior in two respects: you do not have a pseudo-choice of

parenthesization (what you would still have if stress were antepentultimate
instead of penultimate, however), and you have been able to avoid the nota-
tional convention C₀ (which in essence means that you must state *explicitly*
what is *irrelevant* for the application of the rule).

An even clearer example of this sort is the Danish stød (see Basbøll
1974 p. 46-49).

0.2 The syllable boundary occurring in the SD of a phonological rule
There is no doubt that phonological theory should allow the notation
of a syllable boundary (§) in the SD of a phonological rule. This is typically the case when § constitutes the left-hand side or right-hand side environment of the segment affected by the rule, i.e. when the rule expresses
a process taking place in *absolute* syllable-initial or *absolute* syllable-
final position, e.g. strengthening of glides in Spanish (cf. Hooper p.528:
/ §—), or devoicing of syllable final obstruents (/—§).

Hooper also uses an SD-internal §, e.g. in the rule which in Spanish
assimilates a nasal to the place of articulation of the following obstruent.
I have given a detailed criticism of this rule elsewhere (1974 pp. 54-59),
and I shall in the present context confine myself to the remark that I think
it is plainly false that a nasal in the final part of the syllable should
not be assimilated before a *homosyllab.* obstruent. As a matter of fact, I do
not know any certain case of a SD-internal § which must be mentioned in the
rule.

0.3 The syllable as a domain for phonological rules
Let me discuss just one example, from French, of this phenomenon, the
point of departure being Joan Hooper's (1) analysis:

"Many P-rules in Akan depend upon syllable shape and thus syllable
boundaries (...) For example, consider the nasalization of high vowels which
occurs before a nasal consonant *in the same syllable* . (Note that this environment is extremely common for vowel nasalization -it occurs in French
for all vowels *in just such an environment*.) It is possible to avoid the
mention of "syllable" in formally stating the rule, by recognizing two en-
vironments: before a nasal before another consonant, and before a morpheme-
final nasal:

$$(15) \quad \begin{bmatrix} V \\ +high \end{bmatrix} \rightarrow \quad [+nasal] \; / \; \_\_ \; [+nasal] \begin{Bmatrix} C \\ \# \end{Bmatrix}$$

It is simpler, however, to state the environment in terms of §-boundaries:

$$(16) \quad \begin{bmatrix} V \\ +high \end{bmatrix} \rightarrow \quad [+nasal] \; / \; \_\_ \; [+nasal] \; §$$

Note that Rule 16 is NOT an abbreviation of 15. Rule 16 is the *real* state-
ment of the environment, while Rule 15 is merely an *ad-hoc contrivance that
produces the same results*" (Hooper, p. 533; my italics).

The point to be emphasized is that the two formulations *do not in all
cases produce the same results*, but that the "ad-hoc contrivance" gives the
right output, whereas her rule 16 often gives the wrong output. For example,
French words like *cent, sans* [sã] (I use examples from French where I know

the data) in their underlying forms end in obstruents (cf. *centaine, cente-
naire* [sãtɛn, sãt(ə)nɛ:r] and *sans amour* [sã z amu:r]).The latter example suggests that the phonological ß-boundary should occur after the /z/ at the
point of the derivation where the vowel is nasalized, since this is the place
of the word boundary (according to Hooper, one should not expect a readjustment of the ß-boundary to the place before /z/ until /z/ is intervocalic, i.e.
after the nasal has dropped, see p. 527, 537) . This conclusion seems streng-
thened by the observation that a word like *sens* [sã:s] has a nasalized vowel
before a word-final *pronounced* obstruent (in certain varieties of French, at
least, there is no underlying shwa in such words). A further argument for the
position that nasalization of vowels in French can occur also before nasals
that are not in absolute syllable-final position comes from words like *pente*
[pã:t] in which the vowel is nasalized before a pronounced obstruent followed
by pause. Such words end in an underlying shwa, and it might be claimed that
the /t/ is syllable-initial at the point of the derivation where the vowel is
nasalized. However, this does not agree with the fact that in a word like
étiquette [etikɛt] (which is underlying ///etikətə///, cf. *étiqueter* [etikte]),
the phonological syllable border must go *after* the final /t/ since the /ə/
is converted to ɛ, see Dell 1973, p.198ff and Basbøll, forthcoming. Although
each of these arguments taken alone is not irrefutable, they nevertheless give a certain implausibility to Hooper's formulation. And at any rate, it is
certain that the two formulations are *not* equivalent in all cases; and I find
it hard to accept a notation in which every form /VNß/ is nasalized, but no
form /VNCß/.

We therefore claim that the nasal consonant in these examples does *not*
occur immediately before the ß which Hooper's formulation demands. In order
to make her rule 16 work, it should be changed to (for the French material):

$$(i) \quad V \rightarrow [+nasal] \ / \ \underline{\quad} \ [+nasal] \ C_oß$$

But this is only one more example where one is forced to state in the rule
what is irrelevant for the application of it, viz. C_o .

How should this rule, then, be formulated? In the text Hooper in fact
gives the correct condition, viz. "before a nasal consonant *in the same syllable*". Thus it is irrelevant whether the ß-boundary occurs *immediately* after
the nasal or not, what counts is that *it does not occur between the vowel and
the nasal consonant.* If we recognize the possibility that a rule can have
the syllable as its domain, or can have the ß-boundary as its rank, or can
be blocked by the occurrence of a ß-boundary *within* its structural description (all these formulations here being equivalent), then the rule can be
formulated like this:

$$(ii) \quad V \rightarrow [+nasal] \ / \ \underline{\quad} \ [+nasal]$$

where it should be *a property of the rule, but not of its structural description,* that it has the syllable as its domain . (If it cannot be deduced from
the process itself that the syllable is the domain of the rule, this must be
given as an index of the rule, as McCawley must state the rank of rules with
smaller domains than the string occurring between two pauses; however, as far
as I know, it is the normal case for rules assigning consonant features to
vowels, as well as for rules coalescing a vowel and a following consonant,
that they do not apply across syllable boundaries) .

1. GRAMMATICAL BOUNDARIES IN GENERATIVE PHONOLOGY

1.1 Boundaries in relation to syntax

Within the transformational-generative paradigm questions like the following are central for the discussion of boundaries: By which convention(s) are boundaries *inserted*? Are they inserted on the basis of the syntactic *surface* structure alone (possibly in the readjustment component), or does the insertion of boundaries depend on information which is available only on *deeper* syntactic levels? If the latter is the case, are the boundaries moved (by movement-transformations) *together* with the material they delimit, or are they left behind? How are the boundaries affected by the readjusment rules? I shall not try to discuss these and similar questions here (let alone try to answer them), since this approach implies the serious danger of *over-axiomatising empirical issues* (cf. Derwing 1973, Linell 1974). I.e., so long as the theory of transformational-generative grammar is not more well-established empirically than seems to be the case for the moment, the answers to the questions raised in this paragraph must remain equally uncertain.(2) It seems wiser to me to take an alternative point of departure as mentioned below.

1.2 Boundaries in relation to phonology

1.2.1 Inventory of boundaries

According to the principle of "Occam's razor", no more structure should be postulated than is necessary to account for the observed data. Concerning boundaries, the "null-hypothesis" which, accordingly, should be tried before we move complex hypotheses, is that *no* grammatical boundaries are phonologically relevant. *Each* proposed distinction in boundaries (i.e. each new boundary type introduced) must be separately justified on purely phonological grounds (3).

1.2.2 Function of boundaries in phonological rules

According to Chomsky/Halle 1968, boundaries are *units* (in the phonological string) which are *cross-classified* by distinctive features (viz. the features word boundary (WB) ╫ and formative boundary (FB) +). In addition to ╫ ([+WB, -FB]) and + ([-WB, +FB]), they operate with a = ([-WB, -FB]), a boundary the postulation of which has been (justly) criticized from many sides (apparently Chomsky/Halle do not consider the possibility of a boundary [+WB, +FB]). If a specific boundary is mentioned in the SD of a phonological rule, it only applies to strings containing the mentioned boundary at the indicated place. Apart from that,all occurrences of + in the input string to a rule are irrelevant for the application of the rule, whereas all occurrences of ╫, on the other hand, block its application (unless, of course, a ╫ is included in the SD at the appropriate place).

McCawley 1968, in contradistinction to Chomsky/Halle 1968, proposes that boundaries be (linearly) ordered in a strength-hierarchy. The main function of boundaries is, according to him, that they serve to define the *domain* of rules. Thus, each phonological rule has a certain boundary as its "rank", and each occurrence of a boundary of this rank as well as of a stronger one serves to delimit (on one side) the extension of each chunk to be compared with the SD of the phonological rule. This has become known as the *ranking* function of boundaries. I think it is more or less agreed today that McCawley's hierarchical model of boundaries is superior to the *SPE*-model.

Stanley 1973 distinguishes between three functions of boundaries with respect to phonological rules: 1) rules ranked by a certain boundary (or stronger ones), i.e. the function proposed by McCawley; 2) rules delineated by a certain boundary (or stronger ones), e.g. the rule which devoices final obstruents in German; and 3) rules requiring a specific boundary in their SD. Stanley furthermore argues that if rules are formulated by means of variables. e.g. the mentioned final devoicing rule *not as*: $[-son] \rightarrow [-voi] /$ ___ ## but *instead as* : X $\begin{bmatrix} -son \\ \downarrow \\ -voi \end{bmatrix}$ RANK: ## (where X indicates that segments may occur at the left-hand side of the environment and, consequently, the lack of a variable to the right of $[-son]$ indicates that the obstruent must be *final* in the relevant chain ## ___ ##), then 1) and 2) above reduce to one type. (According to the conventions of Chomsky/Halle, on the other hand, rules of type 2) reduce to type 3), since stronger boundaries than ## are symbolized by a sequence of ##'s; the SD $[-son]$ ## is thus also satisfied by $[-son]$ ## ##etc.)

The examples adduced as support for Stanley's type 3), i.e. rules requiring a specific boundary in their SD, seem dubious to me: they are mostly taken from the analysis of English stress and vowel shift by Chomsky/Halle, and their account of these phenomena seems dubious by any standard. Thus, it may be concluded that the only well-established function (or at least the central function) of boundaries is ranking, presupposing, as already mentioned, that variables are used in the notation of phonological rules, in the way suggested by Stanley.

1.3 An example: boundaries in French phonology

1.3.1 Inter-word boundaries

The "null-hypothesis" concerning inter-word boundaries, i.e. that no inter-word boundaries are phonologically relevant, has never, to my knowledge, been seriously proposed. Nor have other very simple hypotheses, e.g. that *all* inter-word boundaries have the same phonological effect.

Selkirk (1972) found a distinction between two types of inter-word boundaries which she (following Chomsky/Halle 1968) formulated as ## (separating words in a "liaison-contex"; they may be called "weak word-boundaries") and ## ## (separating words in a "non-liaison context"; they may be called "strong word-boundaries"). She found that the notion "liaison-context" was relevant for the application of several phonological rules. (I shall not discuss her evidence here.)

Selkirk viewed her results as a striking support of the basic claims by Chomsky/Halle concerning boundaries, in the following two respects:
1) There is (in French) only a distinction between ## and ## ## , which follows from Chomsky/Halle's principles of ## -*insertion* (where ## is inserted on both sides of a major lexical category, i.e. N, V, and A, and on both sides of categories dominating a major lexical category), together with their principles of *reduction of sequences of ##'s longer than two.*
2) She found, in agreement with the principles of Chomsky/Halle, that there was never more than one # between a non-major lexical category and an adjacent major lexical category belonging to the same phrase, e.g. between a preposition and a following noun in a prepositional phrase, or between an article and a following noun in an NP. In order to account for the liaison-phenomena which are highly dependent on style level (briefly: the higher the style, the more instances of liaison), she had to introduce a number of rules with the

effect of reducing ≠/:≠ to ≠ in a given style, under certain *grammatical* conditions. E.g. the sentence *le petit homme prend un instrument affreux* is in labelled bracketing notation:

[[le [petit] |homme]] [[prend] [un[instrument] [affreux]]]]
S NP A   A N   N NP VP V   V NP N   N A   A NP VP S

It receives the following boundaries structure (in two tempi) according to the Chomsky/Halle principles (taken over by Selkirk):

#le#petit# # homme# # # # prend# # un##instrument# # affreux####
                                                                # #

In casual style, a rule reduces ≠≠ to ≠ between an A and a following N in an NP (i.e..petit ≠≠ ≠≠ homme → petit ≠≠ homme); in higher styles, ≠≠ ≠≠ is reduced to ≠ *also* between V and NP in a VP (i.e. prend ≠≠ ≠≠ un → prend ≠≠ un); only in a very high style, however, is ≠≠ ≠≠ reduced to ≠ *also* between an N and a following A in an NP (i.e. instrument ≠≠ ≠≠ affreux → instrument ≠ affreux) (these facts of pronunciation can be found in most traditional texbooks, by Grammont and others).

   I have three observations to make on this issue:
1) Selkirk's evidence, of course, does not at all concern the specific two-step derivation of boundaries by Chomsky/Halle (cf. Wurzel's (1970) alternative one-step derivation, containing features taken over from Bierwisch (1966)). It only concerns the general claim that not more than two types of sentence-internal inter-word boundaries may occur.
2) According to Chomsky/Halle/Selkirk it should be completely *excluded*, in *any* level of style, that ≠≠ ≠≠ could occur between an adverb in their theory belonging to a non-major lexical category, and the adjective (or participle) it modifies. This is true of *très* (*très aimable* has obligatory liaison, cf. the old spelling convention *très-aimable*), but in casual spoken French there need not always be liaison after *bien* (*bien évident*), and after *beaucoup* liaison is quite often not made (*beaucoup aimé*).
3) According to several investigations of "word-reduction"-phenomena (e.g. by Wolfgang Dressler and Håkon Eriksson, cf. Linell (1974) p. 67 ff (with references)), it appears generally to be the case that *the more casual or "reduced" the style level becomes, the more grammatical boundaries lose their effect.* But in Selkirk's framework, exactly the opposite is the case: the higher and more distinct the level of style becomes, the more instances of ≠≠ ≠≠ are reduced to ≠ . This problem will be taken up in section 2.5 below.

   The sentence boundary can be phonologica-ly relevant also in French, as discussed by Dell (1973). I propose the notation ≠≠ ≠≠ for a sentence boundary, in agreement with the notations ≠≠ ≠≠ and ≠ for strong and weak sentence – internal inter-word boundaries, respectively. This notation directly shows the rank of the sentence boundary (cf. section 1.2 above); and according to the Chomsky/Halle conventions it codifies the hypothesis that a process taking place before a word-boundary also applies if the word is sentence-final, whereas a process taking place only sentence-finally does not apply word-finally if the word occurs in the middle of the sentence.

1.3.2 Intra-word boundaries

The "null-hypothesis" can be easily dismissed. Dell (1973) uses the plus sign (+, i.e. "morpheme boundary") for all word-internal boundaries, and no others. If this use of + is considered to be an automatic consequence of the *definition* of +, it is of course empirically vacuous and hence infalsifiable. But if, on the other hand, it is considered to be a testable *hypothesis*, it can be rephrased like this: "all word-internal boundaries have the same phonological effect, and this differs from the effect of all inter-word boundaries". This interesting hypothesis cannot stand up to the testing (see below).

Lisa Selkirk (1972) operates with a word-internal boundary =, in addition to +. = is supposed to occur between prefixes like *in-*, *con-* and learned stems, thus accounting for the dropping, she suggests, of the prefix-final nasal before stems beginning with a sonorant consonant, e.g. *illégal*, *commémoratif*. I find this use of = no better motivated than the similar use of = in English by Chomsky/Halle, since these learned formations are predictable, by the very fact that the stem is [+savant], a categorization which is needed anyhow to account for a lot of learned morphology in French (and to introduce the boundary =!), cf. native words like *immangeable* [ɛmãʒabl].

In a forthcoming paper, I have discussed word-internal grammatical boundaries in French extensively. In the present paper, I shall therefore limit myself to a brief summary, and refer the reader to Basbøll forthcoming for further discussion and documentation.

I propose a distinction between two types of word-internal grammatical boundaries in French, which can be symbolized by + and ## ; respectively. + is considered irrelevant for the application of phonological rules proper (as a consequence, no phonological rule contains a + in its SD). + may be relevant only for principles of structuring the phonological chain, i.e. for morpheme structure conditions and for principles of phonological syllabification. ##, on the other hand, can block certain phonological rules (see below), and, as the notation implies, the word-internal occurrences of ## have the same phonological effects as the ## occurring between words in a "liaison-context", as will be further clarified below.

The principles predicting the occurrence of ## vs. + are: ## occurs after prefixes and before the (obstruent) endings /z/ and /t/. (/t/ is the third person-ending, and /z/ the non-third (i.e. first and second) person-ending, as well as the plural ending in nouns, adjectives etc. ; these endings can thus be defined *grammatically*, and the phonological characterization is probably only to be considered a short-hand device, cf. Basbøll forthcoming. It should not be excluded *a priori* , however, that an obstruent can more easily be separated phonologically from the rest of the word.) + occurs before (other) suffixes. ## occurs after proclitics and before enclitics, except that there is only a + before an enclitic subject pronoun. This can be (informally) abbreviated in the following formula for a "major phonological word" in French (see below) - the notation presupposes that none of the ##-reduction rules (## ## → ## in a given style under certain grammatical conditions) proposed by Selkirk (see section 1.3.1 above) have been applied:

$$\# \#(\text{proclitic}\#)_0 \ (\text{prefix}\#)_0 \ \text{stem} \ (\text{+suffix})_0 \ (\# \left\{ {z \atop t} \right\}) \left\{ {(\text{+enclitic subject}) \atop (\#\text{enclitic non-subj.})_0} \right\} \# \#$$

(o means that the content of ( ) is present zero, one or more times.) - The formula is slightly inaccurate in one respect: a form like *parlē-je*, which is #/ #/parl+ə## z ## ʒ ## #/ (I argue in Basbøll forthcoming that the personal ending /z/ should be present in the underlying form (and later be deleted by the truncation rule), but whether this claim is true or not, is completely irrelevant in the present context) immediately after the application of subject-clitic-inversion (which is, according to Kayne, a syntactic transformation distinct from the other clitic movement transformations), is converted into ## #/parl+ə+z+ʒə## ## , i.e. *all* internal ## 's are reduced to + in such forms, cf. Basbøll forthcoming.

This model should be interpreted in *relative* (as opposed to absolute) terms: it predicts e.g. that there is a *stronger* boundary between prefix and stem than between stem and suffix, and, in parallel fashion, that there is a stronger boundary between a verb and an encliticized *object* pronoun, compared to an encliticized subject pronoun. E.g. in most styles a stem-final high vowel is desyllabified before a suffix beginning with a vowel (e.g. *niant, maniaque* [njã, manjak]), but not a prefix-final high vowel before a stem beginning with a vowel (e.g. *antiatomique, biannuel* [ãtiatɔmik, bianɥɛl], *not* [ãtjatɔmik, bjanɥɛl]); and there are no styles which permit glide formation in the latter but not in the former case. Similarly, in many styles there is vowel harmony between a stem and a suffix (under certain phonological conditions), e.g. *cēdant* [sɛdã, sedã], but not between a prefix and a stem (under identical *phonological* conditions), e.g. *prētend* [pretã], *not* [prɛtã]; and there are no styles which permit vowel harmony in the latter but not in the former case. This offers evidence for the stronger boundary between prefix and stem compared to stem and suffix. But it does not, of course, exclude that in *much more reduced* styles there can be glide formation and vowel harmony in all the situations mentioned.

Our parallel treatment of prefixes and proclitic "words" is supported e.g. by the identical treatment of *en* in both functions, compare *enivrer, en avril* [ãnivre, ãnavril], *emmener, en Mauritanie* [ãmne, ãmoritani].

The independent status of the endings /z/ and /t/ is shown by the fact that the part of the word *before* these endings is in all respects treated as if it occurred independently, e.g. with respect to schwa-treatment and stress. One may also refer to the pronunciation [zami] (in non-standard French) for *amis!* which suggests that /z/ is reanalysed as a plural-*prefix*. Finally, a great simplification of French verb morphology is obtained by the proposed analysis.

The particularly tight connexion between a verb and an encliticized subject pronoun is indicated by the following facts:
1) /ə/ is regulary deleted in *-je, -ce* etc. (*suis-je, est-ce* [sɥi:ʒ, ɛs], etc.), whereas it bears the word-stress and is never deleted in e.g. *prends-le, sur ce, parce que!* and others.
2) Vowel harmony may occur, even in relatively high styles (acceptable to Grammont!) in *est-il, es-tu* [etil, ety], but only if the enclitic is subject.
3) The distinction between /e, ɛ, ə/ is always neutralized in favour of ɛ in phonologically closed syllables (a notion which is defined in Basbøll forthcoming). If the vowel is immediately followed by ##, the syllable is never (phonologically) closed. Thus there is neutralization *in favour of* ɛ in *parlē-je* (présent), *parlai-je* (passé simple), *parlais-je* (imparfait), all pronounced [parlɛ:ʒ] (with vowel length conditioned by the following homosyllabic ʒ, which agrees well with the hypothesis that je is treated as a suffix); on the other hand, /ə/ is kept as /ə/ in *parles, parlent* /parl+ə##z, parl+ə##t/ .

1.3.3 Ranking of some French phonological rules

The boundaries discussed here, i.e. the sentence boundary ≠≠ ≠≠ ≠≠ , the strong word boundary ≠≠ ≠≠ , the weak word boundary (identical to the strong word-internal boundary) ≠≠ , and the morpheme boundary (i.e. the weak (or irrelevant) word-internal boundary) + , define four possible ranks of phonological rules (principles of structuring, in the case of +) in French.

A fifth boundary, of a different type, is the syllable boundary $ (cf. Basbøll (1974)). Thus we have established five possible ranks, each defining the extension of a phonological chain which can serve as the domain for phonological processes. Below I shall enumerate these five phonological chains and in each case mention one or more processes which can apply to the chain in question. As mentioned in section 1.3.2 above, increasing "word-reduction" implies that more and more processes apply to longer and longer chains (corresponding to a decreasing effect of the boundaries in question). This phenomenon is disregarded in the following, where we only consider a rather distinct level of style (with a high degree of segmentalization, cf. Linell (1974) p. 66 ff).

1) *"Phonological sentence"* . Rules of rank ≠≠ ≠≠ ≠≠ : phenomena in the beginning and end of (phonological) sentences, concerning schwa-dropping (cf. Dell (1973)); in lower levels of style, certain "word-reductions" (such as assimilations) apply with the phonological sentence as their domain.

2) *"Major phonological word"* . Rules of rank ≠≠ ≠≠ : liaison and stress ("accent du syntagme"); the "major phonological word" includes pro- and enclitics.

3) *"Minor phonological word"* . Rules of rank ≠≠ : word stress, vowel harmony and glide formation. "Minor phonological words" are the parts of the "major phonological words", e.g. "bound pronouns" (except encliticized subjects) and particles, but also, according to the present definition, prefixes and the endings /z/ and /t/ (and the rest when all these morphemes are subtracted from the "major phonological word", viz. a stem or a stem plus suffix(es)).

4) *The morpheme (or formative)*. There are no phonological rules proper of the rank +, but the morpheme structure conditions (MSC) have + as their rank. It should be emphasized, however, that MSC are "abstract rules" and thus of dubious (psychological) relevance. (The principles of phonological syllabification (as proposed in Basbøll forthcoming) have ≠≠ as their rank, but under very restricted conditions they pay attention to a + in their structural description.)

5) *The syllable*. Rule of rank $: "closed syllable adjustment", i.e. the neutralization of /e, ε, ə/ in phonologically closed syllables in favour of ε. On more concrete levels, the syllable seems to play an even more important role (cf. e.g. Schane (1973) p. 52 ff). It may be added that phonetic syllables represent a structuring of the linguistic expression (Hjelmslev's term) so that it becomes easier to en- and decode (whereas grammatical boundaries merely represent a *projection* of higher level information onto the sound chain).

These ranks seem to occur frequently in other languages, and it might be possible to identify them on a cross-linguistic basis, including their function as domain for rules. E.g. the "phonological sentence" may be defined as the *maximal* domain for rules, and the "minor phonological word" as the *minimal* domain of phonological rules proper, disregarding the syllable which can be defined on independent grounds. The "major phonological word" can then be characterized by means of its relative position in between the "phonological sentence" and the "minor phonological word". The morpheme (or formative),

just like the syllable, can be defined independently of its function as a rule domain. Let me finally mention that the notions "pro- and enclisis" seem
to be relevant in many languages, and they follow in a natural way from the
use of ranks discussed here.
   Note that the rules mentioned under 1), 2) and 3) above represent productive processes, not abstract morphemic relationships.

2. EVIDENCE FOR GRAMMATICAL BOUNDARIES IN PHONOLOGY

2.1 Descriptive convenience

   If the postulation of a given grammatical boundary only serves to define
the domain of one rule it is, of course, circular. But if several rules re-
quire the *same* boundary structure, which furthermore does not complicate the
description of any other rules, then a simplification of description can be
obtained by using boundaries (as in the French example). Notice that this
"simplicity" argument makes no claims as to psychological reality of the boundaries in question.
   Within the generative paradigm, it would be considered very important
whether the boundaries postulated are part of a universally proposed invento-
ry, and, more generally, whether the principles of boundary structure follow
(at least in part) from "linguistic theory". Thus it would not be considered
circular, within this paradigm, to operate with a grammatical boundary which
only had an effect on one phonological rule, if the occurrence (and location)
of this boundary could be predicted from the theory (boundaries should not be
postulated on the basis of phonological criteria *alone* , i.e. in the absence
of any syntactic-semantic evidence for *some* sign boundary at the given location).

2.2 Independent definability of the boundaries

   In the case of French, the boundaries can be *defined independently* of
their phonological impact (which motivated the phonological use of the boundaries in the first place); this definition, furthermore, does not presuppose
knowledge of individual lexical items: it only refers to notions like "prefix, suffix, subject (and possibly obstruent)". These notions are probably
learnable (cf. Derwing).

2.3 Speculations on linguistic evidence of a non-phonological kind

   In French, prefixes seem to be phonologically more independent of the
stem than suffixes. This may be related to the following observations:
1) prefixes (in French) often appear to have more content than suffixes,
2) suffixes typically change the word-class of the stem (while not affecting
the meaning of the stem), in contradistinction to prefixes,
3) prefixes are often lexically identical to separate words (e.g. *par, pour,
de, à*), in contradistinction to suffixes.
   There is a distinction between *il y a* meaning "he (etc.) has there"
and "there is", respectively: [il i a] (*son argent, à la banque*) vs. [il j a]
(*du monde ici*). This difference in pronunciation agrees with an analysis of
the former case as (*il#*) *y#a*, where *y* is an independent word, meaning "there"
(standing for "à+PRO" under certain conditions), and where any other combina-
tion of subject-verb might have occurred instead. In the second case I suggest an analysis (*il+*)*y+a*, in agrement with the completely frozen behaviour
syntactically and semantically, cf. that *il y a* is often referred to as a

"particle" (in agreement with its lack of declinability in number and person).

2.4 Manifestation of boundaries

Another point is that $\#/$ $\#\#$ and $\#/$ $\#\#$ $\#/$ are probably potential pauses. This raises the further question whether all boundaries can be *manifested* (in a more direct way than by their impact on phonological rules like those mentioned above). If certain quantity- (and other, e.g. F_0 or intensity) relations obtain in respect to boundaries, this may "count"[o](for the language user) as "manifestation (of the boundary)". This important issue is very much open. I thus do not agree with the (somewhat unclear) claim of Chomsky/Halle and others that all grammatical boundaries must be erased at the end of the phonological component: If the phonological component (in this context) is meant to *exclude* "phonetic detail-rules", then all boundaries cannot be erased at the end of the phonological component since the phonetic detail rules undoubtedly presuppose the boundaries for their correct specification of the phonetic output (e.g. as to the quantity of initial vs. final allophones). If phonetic detail rules are *included* in the phonological component, on the other hand, it is hard to see that the output of this component could be the *mentally relevant* phonetic structure, since we do not generally perceive the mentioned quantity relations as such, but instead use this information to *structure* the sound chain. (A quite different problem here is the distinction between languages like French and German, where *phonetic* syllabification is highly depedent on word boundaries in German but not in French. This distinction might be easier accounted for if word boundaries are erased at different levels in French and German, but this is, of course, highly speculative.)

2.5 Psychological reality of boundaries

Psychological reality of phonological constructs is no well-defined property: it has several "layers", and the question can be approached by different means which need not give uniform results (cf. Linell (1974) with references). The general problem cannot be dealt with here. Concerning boundaries, one aspect of the question is the analyzability of complex forms which might be revealed by means of psychological tests.

As already mentioned, there is a formal distinction between the function of boundaries with respect to level of style pointed out in section 1.3.1 above, viz. that $\#\#$ are reduced to $\#$ in higher styles according to Selkirk's description of liaison, whereas word reductions (belonging to lower style levels) normally become more and more radical when boundaries are weakened (or erased). It is common for liaison and word reduction that *absence of segments* belongs to lower (as opposed to higher) styles. It is also common for liaison and word reduction that *application of the rule* belongs to lower (as opposed to higher) styles, which seems to be the normal case for optional rules (in agreement with the *diachronic* fact that people who do not have a "new" pronunciation generally find it "vulgar"). Thus, what is common to the two cases has to do with the *process* of "reduction", not with the environment in which it occurs. The formal distinction can be reduced to the fact that the $\#\#$ -reduction rule in a case like C $\#\#\#$ V → C $\#\#$ V *bleeds* the truncation rule which applies to C $\#\#\#$ (and to C $\#\#$ C), but not to C $\#\#$ V (whereas a boundary deletion will normally *feed* other rules). The psychological relevancy of this observation is not clear, but the possibility should be examined that the optional *phonological rules* (in casu: truncation (i.e. non-liaison) as well as word reduction processes) are more relevant psychologically than

ŧ/-reduction rules of the type proposed by Selkirk. This seems rather plausible to me.

2.6 Productivity

The natural *psychological* interpretation of the Danish distinction
jag+t : vagŧŧt (adj.) is that the latter is formed *productively* from *vag* plus
t, whereas the former is stored as a *unit* (this does not exclude that the
language user may be able to perceive the morphological relationship between
jage and *jagt*, but it suggests that the relation is an *abstract* one). Notice
that the neuter /t/ is a *productive* ending in the linguistic sense, i.e. it
can be added to recent loanwords (and to constructed nonsense-words). The
substantivizing ending /t/, on the other hand, is unproductive, and the relation between the morphological pairs in question is often not transparent,or
at least not unambiguous (both semantically and phonologically), e.g. *grave*
"dig" : *grøft* "ditch", *skrive* "write" : *skrift* "writing" (although a certain
relatedness of sense may be felt in such cases, the nouns in question must
generally be considered *lexicalized* on *purely semantic* grounds, cf. below).
Productivity is thus a complex phenomenon, and the term "productive"
has been used in different senses. In the following I try to illustrate some
different aspects of "productivity", but I do not know to which degree they
ought to be split up or coalesced, i.e., I do not claim that the different
aspects below suggest a natural logical system.
When we consider the nature of the linguistic process, e.g. in a psycho-
linguistic test situation, we may ask: Is the free form XY (where X and Y are
morphemes belonging to the same word) formed *productively* by the speaker in
the given situation, e.g. is the form XY in a concrete test situation formed
productively or taken directly from "lexicon"? There is hardly any doubt that
this question can be investigated empirically, e.g. if the ending Y can be
adjoined to constructed nonsense-words, then it is productive, in this sense,
at least in the test situation.
If the ending Y *can* be adjoined to constructed nonsense-words (i.e., if
it is productive, in the present sense), we might try to investigate whether
the free form XY is constructed, in the speech situation, *by rule* or *by analogy* . E.g. if a reference paradigm presented in connection with the test si-
gnificantly influences the results, this may be taken as indicative of the
importance of analogy, at least under such test situations. (Pilot tests of
this type have been made by John Ohala.) And although there are undoubtedly
enormous problems in undertaking tests which are representative of the normal
speech situation, I think, nevertheless, that the question whether rule or
analogy is used at a given occasion is a genuine empirical problem.
If a given linguistic device is not used productively in the above sense,
I think it is quite misconceived (i.e. bad research strategy, in the present
state of our knowledge) to investigate further into the "psychological reality" of the device in question and to make hasty conclusions on the speakers'
awareness or non-awareness of this linguistic device.
The term "productive" is very often used about a linguistic "device"
(e.g. an ending) in the sense "which can be added to new words which enter
the language". This is what I call "the linguistic sense (of "productivity")".
It is an open question whether this phenomenon is identical to one or both
aspect(s) of productivity mentioned above. The very fact that rule-producti-
vity and analogy-productivity might, *in principle*, be distinguished in the
test situation leaves room for doubt (and investigation!) concerning the pre-
cise nature of "productivity in the linguistic sense". To find out whether

a given linguistic device is productive or not in this sense, we need not
make psycho-linguistic tests, but we should investigate the lexicon of the
language during a certain span of time (it is clear that the situation can
be found that certain meanings of an ending which is completely productive
with regard to its phonological shape and morphology, are unproductive).

Finally, the words "productive" and "predictable" sometimes appear to
have been used interchangeably, but this seems to me an unhappy choice of
terminology since, in principle, these concepts are distinct: an ending like
-*ning* (in Danish) is productive (cf. *kodning* "coding", (*ned*) *frysning* "free-
zing (back)"), but its meaning is not (completely) predictable (cf. *skabning*
"creature", *vejning* "weighing", *holdning* "attitude"), and it seems unrevea-
ling to speak of homonymy in the case of the (deverbal substantivizing) suffix -*ning* as -*ning*$_1$, -*ning*$_2$, etc.(4) These forms are better accounted for
by assuming that *skabning*, *holdning*, etc. are *lexicalized*, i.e., the meaning
of these specific forms must be available in the lexicon (although they are
completely regular as to pronunciation).(5)

This is not the place for a general discussion of the linguistic uses
(and misuses) of the term "lexicalization". I should only like to point to a
completely different way of using this term, in addition to the use made a-
bove which was, roughly, that a linguistic "entity" is lexicalized if it contains unpredictable features (one may thus speak of lexicalization for phonological, morphological, syntactic and/or semantic reasons, or, more briefly:
an entity may be phonologically, semantically etc. lexicalized, in the present sense).(6)

The quite different use of "lexicalization" alluded to above occurs
when one claims that a certain meaning can (or cannot) be lexicalized, in the
sense "qualify as a lexical entry" (e.g., with an example discussed by Richard
Carter, the meaning "be in a certain bodily position" can be lexicalized in
English (*stand*, *sit*, etc.), but not in French (*être debout, être assis*, etc.),
cf. also the universal contraints on "possible lexical items" discussed by
James MacCawley in connection with *kill = cause-become-not-alive*). It should
be noticed that this sense of "lexicalization" might also cover phonological
and morphological structure (since the notion "possible lexical entry" includes phonological etc. aspects), although the term has most often been u-
sed covering semantic constraints only.

Finally, one word of caution concerning the psychological reality of
boundaries. Even *if* a form like *færdes* "move" [fæɐdəs] is analyzable to
the native speaker into /fɛrd/+/ə/+/s/ (cf. the preterite form *færdedes*
|færdəðəs|), it evidently does not follow that *færdes* is formed produc-
tively from /fɛrd/ plus /ə/ plus /s/, and even less that the stem /fɛrd/ is
psychologically related to certain other forms, like *færd* "travel" [fɛ:ʀ] .
It can only plausibly be said, I think, that the (psychological) analyzability of a complex form is a *necessary* condition for it to be formed productively by rule.

2.7 Sound change

Sometimes the term "analogy" is used in a wide sense referring to all
cases where a sound change is not purely phonetically conditioned, if the
"identity of morphemes" can account for the apparent exceptions, also when
the crucial sounds belong to different words in the chain (e.g. Brink/Lund
1975). Within the present framework this is not to be considered analogy, but is a regular consequence of the fact that sound change generally
does *not* affect *sentences* but *smaller* (probably separately stored) units.

Given the proposed sound change XA → XB, where X, A and B are sounds (or classes of sounds), we can investigate which sequences of X-boundary-A are turned into X-boundary-B, and which are not. From this investigation a certain *domain* of the sound change can be established, and this may shed light on the (psychological) reality of grammatical boundaries in phonology. Most often, recent sound changes in Danish seem to be blocked by the occurrence of ## (within the present framework), i.e. they do not apply across the boundaries between the parts of a compound, etc. For example (cf. Brink/Lund , 1975) , the (diachronic and synchronic) rule $a \rightarrow$ [-grave] unless before [+grave] (i.e., roughly, a becomes a except before velars and labials, /r/-contexts excepted) accounts for the distinction *tand* "tooth" [tan?] : *tam* "tame" [tam?] , etc. ; but a does become a before a velar or a labial which is separated from a by a ## according to the present framework, e.g. *sofapude* "sofa cushion" [so:fapu:ðə]. And the (diachronic and synchronic) rule ə →ɔ/ r applies in *fiskeri* "fishing" [fesgʌɐi:? , mæ:lʌʁisg] (although pronunciations with [ə] can be heard); but in compounds like *helleristning* "rock engraving", *taskerem* "bag strap" [hɛləʁɛsdnen , tásgəʁæm?], pronunciations with [ʌ] instead of[ᵊ] are excluded.

When we find isolated examples of apparent compounds or phrases which *do* nonetheless undergo the change in question, this may be due to the fact that this compound or phrase has been lexicalized, and this can often be confirmed on semantic grounds. I shall only mention two particular (and probably uncontroversial) examples. One is the phrase *hvabehar* meaning "(beg your) pardon". Although it is etymologically identical to *hvad behager* "what pleases (you)" [va(ð)behǽ:?ɣʌ] it is pronounced [vabəhá:?]. The reduction æ:(?)ɣʌ → a:? has a number of parallels (old doublet forms) which will not be discussed here. But the pronunciation [vabə-] instead of [vabe-] indicates that there should be no ## between /a/ and /b/ within our framework. This agrees well with the fact that the phrase is completely frozen semantically and syntactically.

CONCLUSION: A GENERAL HYPOTHESIS ON BOUNDARIES IN PHONOLOGY

It is clear from the preceding discussion that I consider the main function of boundaries - both syllabic and grammatical - to be *ranking of rules*. Of the three functions of grammatical boundaries distinguished by Stanley (see section 1.2.2), I do not know any good examples of *internal* boundaries in the SD. If we therefore use variables (ib.), ranking can be, *ex hypothesi*, the only function of grammatical boundaries.

Concerning syllables, I do not know any really good examples of SD-internal syllable boundaries either (see section 0.2 above). We may therefore, as the most general hypothesis, consider *ranking* as the only function of boundaries in general (still presupposing the use of variables).

But how is the use of the syllable as a *unit* (e.g. in the stress rules, see section 0.1) related to boundaries? The syllable is the *unit of Rank 0*, and similarly the boundaries +, ##, ## ## and ## ## ## define four different units: the morpheme, the minor phonological word, the major phonological word and the phonological sentence (see section 1.3.3). Just like syllables, the other units mentioned may occur as units in rules.

E.g. rules for intonation and stress patterns typically apply to strings articulated in such "higher units" (informally: words, parts of a compound, word groups, etc.).

Let me finally state explicitely three stong postulates on boundaries
in phonology:
1) The phonology of each language makes use of a small number of different boundaries which are *linearly ordered*. (Commentary: Syllabic and grammatical boundaries have a different origin, but the same function; or: with
respect to the phonological component, syllabic and grammatical boundaries
are externally different, but internally the same.)
2) Each boundary defines a *domain*, i.e. the extension of a phonological
string.(Commentary: the domain is said to have the boundary as its *rank*): The
domain is delineated on both sides by the boundary in question or a stronger
one, whereas all its internal boundaries are weaker than its rank.
3) A domain can have two functions with respect to a phonological rule:
a) it can be the domain of the rule itself; b) it can occur as a unit in the
SD of the rule. (Commentary: in the latter case, the unit must be of a lower
rank than the rule). *No boundary can occur in the SD of a rule.*

NOTES

Note 1, page 4   : Who seems implicitly to assign the same junctural status
to the $-boundary as to the +-boundary, i.e., that if a $ occurs in the structural description, then the rule applies only to input strings containing $
at the indicated place, whereas rules not mentioning $ apply regardless of the
distribution of $; in an SPE-framework, this seems in fact to be the only
possibility.

Note 2, page 6   : Furthermore, the use of syntactic surface structure (SS)
in phonology also implies the danger of circularity, since facts of pronunciation (e.g. intination and stress) are sometimes used as clues for SS.

Note 3, page 6   : Thus I do *not* accept an argument like the following: We
can define a large number of different boundary types on grammatical grounds,
and each of these boundaries is potentially a phonologically relevant boundary which can be used at will (without any "cost", i.e. added complexity) by
the phonological component, since the *input* to phonology is the syntactic component (possibly via the readjustment component).

Note 4, page 15   : Also in cases where *several* of the meanings of an ending
are productive (e.g. the nominalizing suffix -er), this ending is, of course,
semantically unpredictable (even when *only* the productive meanings are taken
into consideration).

Note 5, page 15   : Similarly, the lexicon must contain information as to the
preterite form *mødte* "met", with an (optional) short vowel as opposed to *fødte*
"bore", since the former word is phonologically unpredictable although it is
semantically predictable. In a sense, the form *mødte* might thus be termed
"lexicalized (phonologically)".

Note 6, page 15   : This very general use of the term "lexicalization" may, of
course, be partitioned into number of special types of lexicalization, e.g.
the case (which is particularly interesting from the phonological point of
view of the present paper) that *a grammatical boundary is (exceptionally) igno-
red for phonological purposes.*

18

REFERENCES BIBLIOGRAPHIQUES

Basbøll, Hans -1974- "The phonological syllable with special reference to Danish", *ARIPUC* 8, p. 39-128

Basbøll, Hans -forthcoming- "Schwa, jonctures et syllabification dans les représentations phonologiques du français", *ALH* vol. 16, fasc. 2

Bierwisch, M -1966- "Regeln für die Intonation Deutscher Sätze", *Studia Grammatica VII*, p. 99-201

Brink, Lars and Jørn Lund   -1975-   *Den lydlige udvikling i dansk rigsmål 1840-1955* (Copenhagen)

Chomsky, Noam and Morris Halle -1968- *The Sound Pattern of English* (New York)

Dell, François -1973- *Les règles et les sons. Introduction à la phonologie générative* (Paris)

Derwing, Bruce L. -1973- *Transformational grammar as a theory of language acquisition* (Cambridge)

Hooper, Joan -1972- "The syllable in Phonological Theory", *Language* 48, p. 525-540

Linell, Per -1974- *Problems of psychological reality in generative phonology* = *ruul* (*Reports from the University of Uppsala, Department of Linguistics*) n° 4

McCawley, James D. -1968- *The phonological component of a grammar of Japanese* (The Hague)

Rischel, Jørgen -1970- "Consonant gradation: A problem in Danish phonology and morphology", in Benediktsson, H. (ed.), *The Nordic Languages and Modern Linguistics* (Reykjavik), p. 460-480

Rischel, Jørgen -1972- "Compound stress in Danish without a cycle", *ARIPUC* 6 p. 211-230

Schane, S. A. -1973- *Generative phonology* (New Jersey)

Selkirk, E. O. -1972- *The phrase phonology of English and French* (unpublished dissertation, MIT)

Stanley, Richard -1973- "Boundaries in phonology" in Anderson, S.R. and Kiparsky, P. (eds.), *A Festschrift for Morris Halle* (New York), p. 185-206

Wurzel, W. U. -1970- *Studien zur deutschen Lautstruktur* = *Studia Grammatica VIII*

VARIATIONS MORPHOLOGIQUES DU VERBE FRANÇAIS

Claire BLANCHE-BENVENISTE

Université de Provence

Nous nous intéressons aux variations dites "libres" qui peuvent exister dans la conjugaison du verbe français. Il y a aujourd'hui, officiellement, très peu de variations de ce type. On cite souvent celle du verbe *asseoir*, que l'on entend conjuguer sous les deux formes :

je m'asseois / je m'assieds,

entre lesquelles on s'accorde à voir une simple "différence de style", sans préciser bien fermement laquelle passe pour la plus fréquente ou pour la plus élégante sur l'ensemble des locuteurs. On assigne une différence d'emploi au couple *je peux / je puis* ; on ne cite plus guère des couples comme *je vais / je vas*.

R.L. Wagner, dans son ouvrage intitulé *L'Ancien français*, relève ce fait, avec une sorte de regret pour les époques de plus grande variation :

> "Les latitudes d'emploi, en matière de formes, sont devenues très étroites depuis que le français est une langue enseignée. Un choix entre *je puis* et *je peux, je vais* et *je vas* n'est que théorique. Nous n'avons plus qu'une forme de passé simple pour le verbe *vouloir*. En ancien français il est fréquent qu'un écrivain passe, à quelques lignes de distance, d'une forme archaïque d'un verbe (ex : *mesis* : "tu envoyas") à une forme plus récente (*meis*). Ancien français, p. 45.

Les descriptions linguistiques du français contemporain enregistrent cette absence de variation sans même en parler ; il nous apparaît que cela définit le domaine de la morphologie verbale comme un objet très artificiel. Nous voudrions présenter quelques propositions pour une analyse morphologique qui prendrait en charge le phénomène de variation, à partir de considérations sur des études diachroniques et synchroniques du verbe français. Ces propositions s'organisent en deux parties :

1 - Une théorie descriptive satisfaisante de la conjugaison devrait comporter la prévision de la variation, même non-normative. Pour cela elle devrait :

a) libeller des règles en laissant un ou plusieurs traits non spécifiés,

b) s'appuyer sur les concepts de système et de permissivité de réalisation.

2 - Les manifestations de ces variations sont liées à des conditions culturelles dont il faudrait préciser l'histoire. On fera allusion ici à trois phases, repérées par des sondages un peu rapides, et prises à titre d'exemples :

a) une phase de "maximum" de variation, attestée en ancien français, et présentée d'après la description de R.L. Wagner.

b) une phase de co-existence entre usages distincts, aussi bien pour la morphologie que pour le lexique. C'est l'attitude de Ménage dans ses *Observations sur la Langue Françoise*, 1675-1676, qui servira d'exemple pour le XVII ème siècle. Pour l'époque contemporaine, on prendra des exemples dans le catalan actuel.

c) une phase de refus de variation. Le concept de "sélectivité des bonnes formes" fait qu'il est impossible de tolérer "il faut qu'il peuve". On prendra pour exemple de cette attitude celle de Laveaux, auteur, en 1822 d'un *Dictionnaire des difficultés de la langue française*.

A travers ces trois attitudes prises devant la variation, on remarquera à quel point les formes soumises à variation sont restées constantes : on débat depuis trois siècles sur les formes *cueillira / cueillera*, ou *peuve / puisse*.

"En ancien français", écrit R.L. Wagner, "les dialectalismes font bon ménage, dans une large mesure, avec des traits qui caractérisent le français central et le francien", (p. 54) (...) Un écrivain (...) était en droit d'utiliser à peu près librement en fait d'expression et de construction, toutes les virtualités inscrites dans la morphologie", (p. 46) (...). Ce fait n'était possible qu'à une époque où la langue fonctionnait en dehors du contrôle des grammairiens" (p. 46).

Pour illustrer cette notion de "virtualités incluses dans la morphologie", nous prendrons deux exemples : les formes du subjonctif présent et les formes du futur.

LE SUBJONCTIF α

1.0 - Si l'on veut faire un état raisonné des formes subjonctives, à la façon de Fouché, on distinguera plusieurs cas :

1.1 - Les formes dites centrales. Elles comportent d'une part une forme non distincte de l'indicatif :

chantons, chantez (1)

ce sont en particulier celles des radicaux se terminant par une dentale. D'autre part, une forme distincte pour les radicaux se terminant par /l/, /s/, plus "être" et "avoir" :

aiens, aiez - seiens, seiez - voilliens, voilliez - faciens, faciez. (2)

Les formes distinctes auraient contaminé les premières, en s'étendant régionalement au Centre, puis à l'Est, pour donner, par "mélanges successifs" :

chantiens, chantiez (3)

puis :

chantions, chantiez. (4)

En fait on ne trouve pas dans les textes de trace de cette progression raisonnée, puisqu'on voit coexister jusqu'au 16ème siècle les formes (1) et (3), *chantons, chantions,* et les formes (1) et (2), *chantons, chantiens* pendant une période assez longue.

1.2 - Des formes régionales, en *-che, - ge, -ce, -sse,* dont Fouché dit (p. 207) que "si elles se rencontrent dans les anciens textes du Centre, elles doivent être considérées comme des emprunts".

menche (mentir) - *senche* (sentir) - *parche* (partir) *sorche* (sortir). (5)

Ces formes, données comme caractéristiques du Picard et du Wallon, seraient étymologiques pour les radicaux terminés par *-nt, -rt,* (cf. 5) ; elles se seraient étendues à des radicaux en *-t,* en voyelle :

meche (mettre) - *trameche* (transmettre) - *fuiche* (fuir) - *oche* (ouir). (6)

De même, des formes en /ts/, écrites *-ce,* propres à l'Est, auraient diffusé en dehors de leur contexte d'origine (*-nt, -rt*) et en dehors de leur région :

sancet (sentir) -*mence* (mentir) - *croice* (croire) - *curce* (courir) - *chastices* (châtier). (7)

Enfin, des formes en *-ge,* du Sud-Ouest et de l'Ouest :

sorge (sourdre) - *esparge* (épandre. (8)

se seraient étendues aux finales en *-r* + consonne, *-n* + consonne, *-r,*

perge (perdre) - *venge* (venir) - *répongent* (répondre) - *renge* (rendre) - *torge* (tordre) - *meurge* (mourir) *tienge* (tenir) - *doige* (devoir) - *demeurge* (demeurer).(9)

1.3 - Par ailleurs, des formes "particulières" existaient pour des verbes possédant une variante en *-uis* au radical de la première personne du présent :

puis, puisse - truis, truisse (trouver) *ruis, ruisse* ("rover" : prier) *pruis, pruisse* (prouver). (10)

ou une variante en *-oin* :

doing, doigne (donner) *doins, doinse* (donner). (11)

2.0 - Si l'on regarde cet ensemble de formes (ici très incomplet), on est frappé par le fait que la marque du subjonctif se caractérise partout par une fricative :

/j/ dans la désinence pour 2,3, 4.
/tŝ/, /dẑ/ en 5, 6, 8, 9 ; /ts/ en 7, 10, 11.
/ñ/ en 11.

Les diverses formes qui peuvent coexister dans un même texte possèdent toutes cette caractéristique, et Fouché en donne des exemples jusqu'au XVIIème
siècle :

puisse / peuve / peusse. (12)

Cette constante est beaucoup plus frappante que les répartitions régionales,
souvent malaisées, qu'on a voulu dégager.

2.1 - Si l'on regarde aujourd'hui les formes produites en tant que
"fautes" pour le subjonctif, on fera la même constatation. Il faut dire que
ces formes sont difficiles à relever, la pression de la norme s'exerçant de
façon particulièrement forte sur la conjugaison. On remarque, à travers les
quelques attestations relevées :

- pour les radicaux à finales vocaliques, une marque en /j/ :

que je criye, voye, soye,croye, balaye, paye, aye, (13)
et, spécialement après /ü/, une marque en /z/ :

qu'il continuse.

- pour les radicaux de verbes très fréquents, des formes alternantes,
comportant toujours une fricative :

sache, save, sage
peuve, peusse, puisse
fache, fasse
coure, course - prenne, pregne - vienne, viegne. (14)

2.2 - Nous avançons l'idée que ces formes sont vivantes, sauf dans la
pratique des grammairiens. Pour toute une classe de verbes, la règle de
formation du subjonctif devrait être libellée comme suit :

+ fricative
+ consonne,

la réalisation en +/- voisée, labio-dentale ou alvéolaire étant laissée libre. La technique de ce libellé doit être aisée à fournir. Le problème de la
création de formes néologiques dans la zone flexionnelle devrait être cal-
culable par là. En l'absence de relevé importants, il est difficile de voir
la latitude exacte dans laquelle s'exerce la variation.

LE FUTUR

On simplifiera beaucoup les données ici, en négligeant par exemple les
alternances de la voyelle du radical. On s'attachera au problème suivant :
comment se fait la jonction entre la forme du radical verbal et la désinence
-ra du futur ? On peut résumer les cas de figures prévisibles pour cette
jonction :

1 - La consonne finale est une occlusive et, sous certaines conditions, elle
forme un groupe consonantique avec la liquide du morphème *-ra* :

met-ra, romp-ra, perd-ra (15)

2 - La jonction ne se fait pas sous forme de groupe consonantique, mais il y a :

a) insertion d'une voyelle, *e* ou *i* ; par exemple pour les radicaux se terminant par *r* + consonne, c'est un *i* :

serv-i-ra, dorm-i-ra, (16)

pour d'autres c'est un *e* :

cueill-e-ra, don-e-ra, chant-e-ra.

b) insertion d'une consonne occlusive dentale, voisée ou non :

tien-d-ra, val-d-ra, parais-t-ra. (17)

c) chute de la consonne radicale devant *r* :

finis + ra = fini-ra
boiv + ra = boi-ra (18)

d) transformation de la consonne radicale en *r* :

don + ra = dor-ra
amen + ra = amer-ra
lais + ra = lair-ra, (cf. Fouché, p. 388, 392), (19).

Ce dernier procédé est limité en français à quelques verbes ; les autres peuvent éventuellement se combiner entre eux.

Si l'on prend pour exemple de ces différentes jonctions possibles le verbe *coudre* (sous sa forme radicale /kuz-/, on peut prévoir :

cousera, cousira	sur le modèle de 16, attesté.
cousdra	sur le modèle de 17, attesté.
courra	sur le modèle de 18, non-attesté
coudra	en cumulant 17 et 18, attesté
cousidra	en cumulant 16 et 17, (?)
coudira	en cumulant 16, 17 et 18, (?) (20)

On notera que les formes attestées au cours de l'histoire le sont encore aujourd'hui. Fouché a relevé, parmi les usages modernes,

meurray (en 1607)
savra, avra, beuvray. (21)

Grégoire, dans son étude sur les enfants, relève (p. 357) :

reluisra, feseras, sortra, buvras,
il meurra. (22)

Le libellé de la règle devrait permettre de prévoir, dans tous les cas de figure, les virtualités de formes possibles, en posant une forme de jonction, permissive à l'égard des réalisations observées.

Pour les deux cas observés, le subjonctif et le futur, on aurait la possibilité d'inscrire la variation dans la grammaire elle-même. Le système de langue apparaitrait comme très stable, au regard de la réalisation de discours, donnée comme variable. Le système se présenterait comme "une condition permissive à l'endroit d'une foule de conséquences", formes auxquelles il n'est demandé qu'un respect suffisant de la condition de départ", ainsi que l'écrit G. Guillaume (Conférences C, 3 déc. 1948.).

Ce rapport entre système et réalisations permettrait de résoudre la difficulté majeure que l'on rencontre dans la description morphologique du français, celle des contextes "bizarres" que l'on est amené à fournir pour les règles que l'on dégage. Ainsi, lorsque nous avons essayé, avec K. Van den Eynde, de fournir une analyse distributionnelle des formes verbales, nous avons dégagé la distribution suivante pour l'infinitif :

- prennent *ir* les radicaux terminés par :
    r (courir)
    r + consonne (serv-ir) à condition que la consonne ne soit pas *d* , (perd-ir).
    j, (bouill-ir)
    voyelle nasale + *t* , (ment-ir)
- prennent *oir* les radicaux terminés par :
    l, (val-oir), sauf moudre.
    v, (pouv-oir), à condition que *v* ne soit pas précédé de *i* (sui-re)
- prennent *re* tous les autres radicaux, dont :
    ceux qui se terminent par *rd* (perd-re), par voyelle nasale + *d,* (pond-re), par *iv,* (viv-re).

Les contextes ainsi dégagés sont très peu systématiques, et l'on en reste insatisfait, bien que la description soit très proche des faits. C'est que l'on a fait une description distributionnelle de formes filtrées par la norme et non une description des réalisations possibles. Ici la méthode descriptive est prise dans le piège des limites culturellement imposées à la description. Il est difficile d'éluder le problème : si la prise en charge des variations, en l'occurrence des "fautes" contre la conjugaison, devait fournir une analyse distributionnelle plus satisfaisante, avec des contextes plus systématiquement organisés, ne serait-ce pas un argument pour faire porter l'analyse au-delà du champ restreint par la norme ? Il paraît très difficilement concevable, en français actuel, d'englober dans la même description à la fois des conjugaisons normées et d'autres qui ne le sont pas. On voudrait fournir un éclairage historique à ce problème, au moyen de trois exemples :

- Ménage, traitant des formes de verbe *cueillir, recouvré, courir.*
- Lavaux, traitant de l'usage
- un ouvrage de vocabulaire basique du catalan, publié en 1976, et qui admet la variation en morphologie.

Ménage admet que l'on peut faire varier la forme d'un verbe, pour diverses raisons, par exemple pour introduire un peu de changement stylistique, comme il l'explique à propos de la concurrence entre les formes *recouvert* et *recouvré,* (t. I, p. 463) :

> "Il aparoist par ce passage que, du temps de Henri Estienne, "j'ay recouvert quelque chose que j'avois perdu", se disoit à la Cour beaucoup plus ordinairement que "j'ay recouvré". On y parle encore aujourd'hui de la sorte : "Pour un de perdu, deux recouverts". Ce qui a fait préférer à M. de Vaugelas avecque raison, dans une lettre ou dans quelqu' autre petite pièce,"j'ay recouvert" à "j'ay recouvré". Car

dans un oeuvre de longue haleine, il permet d'user de l'un
et de l'autre indifféremment. Et je suis en cela de son a-
vis. Dans le Palais, on dit également "une pièce nouvellement recouvrée" & "une pièce nouvellement recouverte".

On peut choisir d'employer une forme ancienne et une forme moderne, à
condition de savoir doser le modernisme :

> "*courre* est plus en usage que *courir* et plus de la Cour.
> Mais *courir* n'est pas mauvais et la rime de *mourir* et de
> *secourir* fera que les poètes le maintiendront le plus qu'
> ils pourront." (t. I, p. 429).

Citant une observation de Voiture, il dit très joliment, de *courir* :

> "On en peut user deux ou trois fois la semaine."

En cas de conflit entre les grammairiens et le public, s'agissant de
formes de conjugaison, Ménage choisit très nettement l'usage du grand public :

> "Puisque tout le monde prononce *Ie cueilleray*, il est sans
> doute que c'est ainsi qu'il faut prononcer, sans s'arres-
> ter aux Auteurs, et à la reigle de grammaire. "Aliud est
> Latine, aliud Grammatice loqui". (...) Toutes les langues
> sont remplies de verbes qui se conjuguent diversement (...)
> et ces anomalies font une des plus grandes beautez des
> Langues (...) La raison de M. de Vaugelas, qui est, que
> puisqu'on ne dit plus *cueiller*, il ne faut plus dire aussi
> *cueilleray* n'est donc pas une raison. Je suis persuadé que
> cette Observation ne déplaira pas à nos Grammairiens ; et
> qu'après l'avoir considérée, ils ne diront plus *cueillira*
> et *recueillira* avecque M. de Vaugelas, mais *cueillera* et
> *recueillera* avecque toute la France.

Environ deux siècles plus tard, Laveaux porte un témoignage tout différent, et qui semblerait être celui des grammaires actuelles :

> "Il y a deux sortes d'usages, un bon et un mauvais. Le
> mauvais usage se compose des habitudes du plus grand nom-
> bre qui, presque en toutes choses, ne sont pas les meilleu-
> res ; et le bon usage, au contraire, consiste non dans les
> habitudes de la multitude, mais dans les habitudes des gens
> les mieux élevés et les plus instruits, dans celles des
> écrivains généralement reconnus pour les meilleurs du
> temps." (Dictionnaire ... article "usage".).

Dans le *Vocabulari basic infantil i d'adults*, "assessoria de didacti-
ca del Catala", ed. Biblograf, Barcelone 1976, les auteurs, engagés dans
une présentation du catalan actuel qui voudrait servir de base à une promo-
tion du catalan scolaire, mentionnent régulièrement des formes verbales con-
currentes. Ils ne les assignent pas à des dialectes différents, comme c'é-
tait le cas dans la plupart des recensements antérieurs du catalan, mais
les présentent comme plus ou moins familières. On peut voir, entre autres
choses, que le radical du verbe est donné sous deux formes, la plus proche
du modèle latin d'une part (par exemple l'infinitif *saber, poder, tenir*) et
une autre en *-gu-*, dérivée sans doute des formes de parfaits issues du modèle en *-ui-* du latin, (infinitifs *sapiguer, puguer, tinguer*). Une liste

des formes est donnée en annexe. L'ensemble des formes, comportant ou non cette consonne -gu- , peut être interprété comme un système unique de conjugaison,présentant des variables de réalisation. Les auteurs semblent assumer cette multiplicité de réalisations et semblent prêts à l'enseigner.

Si l'on décide de tenir compte, dans une description du verbe, de ces formes que l'on peut "user deux ou trois fois la semaine", on peut envisager de faire une morphologie "explicative" : les variations seraient situées synchroniquement par rapport à une forme stable sous-jacente.

L'intervention des grammairiens, qui ont promu une forme, écarté une autre, peut être interprétée de plusieurs façons :

- on peut estimer qu'il sont à la source de l'évolution, au point que d'une décision grammairienne à l'autre le changement se serait organisé selon une certaine rationalité ;

- on peut penser que les grammairiens n'ont eu aucun pouvoir de décision, mais qu'ils ont agi en simples greffiers; l'usage aurait organisé, par la prédominance d'un parler sur un autre, cette sorte d'évolution dont nous traitons le produit. Auquel cas il faudrait admettre que les grammairiens de l'époque actuelle n'enregistrant aucune évolution des parlers, en matière de morphologie verbale, l'époque actuelle se caractériserait comme statique à cet égard.

Nous serions tentés de penser que les grammairiens n'ont pas régi le changement, que le changement ne s'est pas fait linéairement,que nous disposons seulement de fragments de morphologie verbale, triés par les grammairiens, et par d'autres détenteurs de prestige en la matière. Ces fragments ne représentent qu'une part des réalisations du système. Les vues très passéistes que nous avons sur la norme en ce domaine sont très différentes de celles de gens comme Ménage, et tout-à fait opposées à celles que R.L. Wagner prête aux "parleurs" d'ancien français, lorsqu'il dit :

> "Ces gens - Marie de France la première - situaient la vérité, la perfection, dans l'avenir"; (p. 10).

----

(1) chantons - chantez

(2) aiens, aiez - seinz, seiez - voilliens, voilliez - faciens, faciez

(3) chantiens, chantiez

(4) chantions, chantiez

(5) menche (mentir)   parche (partir)
    senche (sentir)   sorche (sortir)

(6) meche (mettre)   trameche (transmettre)
    fuiche (fuir)   oche (oïr)

(7) sancet (sentir)   mence (mentir)
    croice (croire)   curce (courir)
    chastice (chatier)

(8) sorge (surgir)   esparge (epandre)

(9) perge, repongent, renge, torge, meurge, tienge, venge, doige, demeurge.

(10) puis, puisse - truis, truisse (trover)
ruis, ruisse (rover) - pruis, pruisse (prover)

(11) doigg, doigne - doins, doinse.

(12) puisse, peuve, peusse ...

(13) que je crie, voye, soye, croye, balaye, paye, aye
continuse, joue
sache, save, sage
peuve, peusse, puisse
pregne, viegne

(14) serv-i-ra, dorm-i-ra, cueill-i-ra
don-e-ra, chant-e-ra, cueill-e-ra

(15) tien-d-ra, val-d-ra, parais-t-ra

(16) finiş-ra, boiý-ra

(17) don-ra, dorra - amen-ra, amerra - lais-ra, lairra.

(18) cousera, cousira - cousdra - coura - coudra - cousira - cousidra - coudira.

(19) meurra (1607), savra, beuvray.

(20) Grégoire : buvras, il meurra, reluisra, feseras, sortra

o o o

ANNEXE :

VARIANTES DANS LA CONJUGAISON DU CATALAN
LIEES A L'USAGE D'UNE CONSONNE "THEMATIQUE".

José DEULOFEU, Universite de Provence

PRINCIPE DE LA VARIATION : soit un radical verbal : /kor-/(courir). On peut former à partir de là un subjonctif "présent", soit en ajoutant directement la désinence, par exemple /-em/ pour la 1ère personne du pluriel,ce qui donne : /kor-em/ (que nous courions) ; soit en intercalant une consonne "thématique", appuyée ou non d'un point vocalique, ce qui donne : kor-g-em/ (que nous courions).

EXTENSION DE LA VARIATION
Nous comparerons les variantes admises par la grammaire normative de P. Fabre : *Introductio à la Grammatica Catalane*, Edicions 62, Barcelona 1968. (La première édition est de 1918) et celles qu'ont relevées, après enquête dans la langue orale, les auteurs du *Vocabulari Basic infantil i d'adults*. Assessoria de Didactique del Catala, Biblograf, Barcelona 1976.

1) Variantes admises par Fabre

```
/kor-/     /kor-em/ & /kor-əq-em/
/bew-/     /bes/    & /be-q-es/    impératif : vois
/neš-/     /neš-es/ & /nes-k-es/   subjonctif : qu'il naquît
```

Nous ne tiendrons pas compte des variantes, peu nombreuses de parfait "simple" ; ce temps n'étant plus attesté à l'oral, la comparaison ne serait pas possible.

2) Variantes relevées dans le voc. basic

a) <u>Extension dans la conjugaison</u> : les formes en -g- opposent, pour certains verbes, les formes non personnelles (infinitif, participes,) et les formes non tensées (subjonctifs) aux formes tensées (présent, imparfait, futur, conditionnel). Cette opposition est claire pour les formes "colloquiales" de /ven-/ (venir) :

```
subj. pres.  /vin-q-i/      ind. pres   /ve/
subj. pass.  /vin-q-es/     ind. imp.   /ven-ia/
part. pres.  /vin-q-ent/    futur       /vin-d-ra/
part. pass.  /vin-q-ut/     condit.     /vin-d-ria/
infin.       /vin-q-e/
```

b) <u>Extension dans les radicaux</u>
Une pareille disposition touche les conjugaisons des verbes : /kab-/ (pouvoir être contenu dans), /sab-/ (savoir), /don-/ (donner), /ser-/ (être). En fait, rien ne prouve que le système tend vers un nouvel équilibre sans variations. D'un côté on observe des variantes non normatives avec -g- au participe présent et à l'infinitif :

```
/ten-/     /tin-g-e/    & /ten-i/ infinitif
/ven-/     /vin-g-e/    & /ven-i/ infinitif
           /vin-g-ent/  & /ven-int/ part prés.
/vol-/     /vol-g-e/    & /vol-e/
           /vol-q-ent/  & /volent/
```

et ainsi pour les participes de : /di-/ (dire), /fon-/ (fondre), /kow-/ (cuire,....)
D'un autre côté, on observe des variantes non normatives de subjonctif sans -g- .

```
/dew-/     /deb-es/ & /de-q-es/
/pod/      /pod-es/ & /po-q-es/
/ab-/      /aɓ-es/  & /a-q-es/
```

c) <u>Variantes d'infinitif</u>

```
/ten-/  (posséder)    /ten-i/ & /tin-d-r/ & /tin-g-e/
/kab-/  (aller dans)  /kab-e/ & /kab-r/   & /kap-ig-e/
/kal-/  falloir       /kal-e/ & /kal-d-r/ & /kal-q-e/
/val-/  valoir        /val-e/ & /vald-r/  & /val-q-e/
/ven-/  venir         /ven-ir/& /vin-d-r/
/tors-/ tordre        /torse/ & /tors-ə/
/fuž-/  fuir          /fuž-i/ & /fuž-r/
```

REFERENCES BIBLIOGRAPHIQUES

K. Van den EYNDE et Cl. BLANCHE-BENVENISTE - 1969 - "Essai de description morphophonologique du verbe", *ORBIS*.

GUILLAUME, G. - 1973 - *Leçons de linguistique*, IV, Klincksieck.

LAVEAUX, J. Ch. - 1822 - *Dictionnaire des difficultés de la langue française*.

MENAGE - 1675 - *Observations de Monsieur Ménage sur la langue françoise*.

WAGNER, R. L. - 1974 - *L'ancien français*, Larousse.

SYLLABE ET SUITE DE PHONEMES EN PHONOLOGIE DU FRANCAIS *

Benoît de Cornulier

(Cercle de Bathyphonologie de Luminy)

Les difficultés qu'implique une utilisation rigoureuse du concept de
syllabe dans la phonologie sont telles qu'il a pu être négligé, voire purement ignoré, par des linguistes principalement soucieux de formalisation.
Ainsi ce n'est pas par hasard qu'on aperçoit en première place, à la devan-
ture mondaine de la linguistique structurale, la notion de phonème; celle
de syllabe ne se prêtant pas aussi aisément à la brillante et simpliste combinatoire des traits pertinents. De même le mot "syllable" est tout simplement absent de l'index du Sound Pattern of English (1968). Dell, qui adopte
le cadre de cet ouvrage dans Les Règles et les Sons (1973), reconnaît seulement, en traitant de "schwa en syllabe fermée" (suivant le titre de son cha-
pitre V), que "la théorie linguistique devra être enrichie de façon à donner
un statut théorique à la notion de syllabe" (en note 34, p.211), et se dispense de cette notion dans son étude sur l'e muet. Il semble donc s'agir plutôt d'une prudence provisoire que d'une mise à l'écart définitive. Dans la
littérature d'allure générativiste, c'est toujours, à ma connaissance, sous
la forme de (symboles de) frontières de syllabe qu'on tente d'introduire la
notion réfractaire. Ainsi dans son compte-rendu du Sound Pattern of English,
McCawley (1974, pp.61-62; je traduis) assure que "la formulation en termes
de division syllabique dispense du besoin de fabriquer des formes sous-jacentes extrêmement peu naturelles" dans certains cas. Le même argument de
la simplification des descriptions par des frontières syllabiques apparaît
chez Venneman (1972) et chez divers autres phonologues.

La manière dont ces chercheurs veulent "introduire" (entendons: réintro-
duire) la syllabe dans la phonologie générative ne me paraît pas entièrement
satisfaisante pour un certain nombre de raisons, dont certaines tiennent sans
doute à la nature du cadre théorique dans lequel ils travaillent. Dans ce
cadre il est commode de considérer que la syllabe n'est que l'intervalle qui
sépare deux objets, les "frontières syllabiques", qui se situent précisément
entre des phonèmes, et dont la place est déterminée par la distribution des
phonèmes (et éventuellement des frontières morphologiques et syntaxiques) .
Suivant cette vue, le corps de la syllabe proprement dit n'est pas lui-même
représenté; ce qui est directement pertinent, et spécifiquement représenté
par des symboles appropriés, ce sont ces positions entre syllabes qu'on appelle des frontières. De cette conception restrictive de la syllabation dé-
coulent certaines limites dont l'une, théoriquement importante, est ainsi
formulée par Vennemann (1972, p.2; je traduis):
"Je vais défendre ici l'idée d'introduire les syllabes et frontières
syllabiques dans les descriptions phonologiques. Je ne dirai pas,
toutefois, que l'introduction de ces concepts dans la théorie de
la grammaire est "nécessaire". Tous les processus phonologiques

qui peuvent se formuler d'une manière générale à l'aide des frontières de syllabe peuvent aussi se formuler sans elles, tout simplement en précisant les environnements des règles de syllabation
dans l'énoncé de la règle".

Ainsi les limites de syllabe permettraient de simplifier les règles en facto-
risant une classe de contextes pertinents, mais les règles pourraient toutefois se formuler sans leur secours.

N'ayant moi-même aucun formalisme supérieur à proposer, j'utiliserai ici
la barre | en réduisant la représentation des syllabes à celle de leurs li-
mites supposées discrètes (ainsi le veulent les machines à écrire à qui la
formalisation phonologique doit tant). Mais, contre cette conception réduc-
trice de la syllabation, j'essaierai d'argumenter brièvement en faveur des
trois points suivants:
    1) Il ne suffit pas de connaître les phonèmes et les frontières
(non syllabiques) qui composent une suite phonologique pour savoir comment
cette suite est syllabée.
    2) Les frontières de syllabe ne sont pas simplement des chaînons
parmi les autres dans la chaîne phonologique ou phonétique.
    3) Par rapport à la notion de syllabe telle qu'on l'entend à peu
près en général, la notion de phonème n'est pas tout à fait primitive; au
contraire, certaines des propriétés de la syllabation sont constitutives
de la nature des phonèmes.

I. DE LA CHAINE PHONOLOGIQUE A LA SYLLABATION

    Même à négliger les cas où une limite syllabique pourrait diviser un
phonème, on ne peut pas toujours déterminer la position des limites syllabiques, donc la syllabation, d'après la seule connaissance de la série des
phonèmes et des frontières morpho-syntaxiques. A cet égard, le facteur d'indétermination le plus évident est la distribution des éventuelles "pauses",
ou plus généralement de toutes les formes d'interruption de la continuité
de la voix.

    I.A Rôle des pauses en général dans la syllabation : toutes choses
égales par ailleurs, les pauses sont plus ou moins plausibles et naturelles
selon la "densité" syntaxique de leur point d'insertion: c'est une affaire
de degré. Par exemple une pause est plus plausible entre deux phrases qu'entre un groupe sujet non clitique et le verbe; plus plausible là qu'entre un
élément proclitique et ce qui le suit; plus plausible là qu'entre un encli-
tique et ce qui le précède; plus plausible là qu'entre une consonne et une
voyelle qui la suit à l'intérieur d'un morphème indécomposable; dans ce dernier cas elle peut paraître quasiment exclue, comme représentant plutôt un
fait marginal, accidentel, de prononciation. Par contre, en dépit des affir-
mations rapides de certaines grammaires, il est apparemment impossible de définir un type quelconque de frontière syntaxique qui rendrait la pause *obligatoire*[1] en général; ainsi la prononciation continue de deux phrases (sans
pause intermédiaire) est un fait banal à tous les niveaux de la diction.

    Ainsi, notant la pause par un tiret et son caractère facultatif par
sa mise entre parenthèses, on peut admettre des pauses facultatives et indépendantes assez naturelles aux positions signalées dans la suite de quatre
phrases qui suit:

    (1) Hier soir, (-) il entre; (-) ensuite, (-) il ferme la porte;

     (-) ensuite, (-) il parle (-) avec la grand-mère; (-) et il
     reste (-) en gueulant
soit de zéro à huit (au moins) pauses, ce qui donne un ensemble de 256 réalisations possibles (au moins) à ce seul égard.

  A propos de cet exemple, puisque j'appelle ici pause toute solution
de continuité dans la chaîne phonétique, il peut être utile de signaler, et
de garder à l'esprit dans la suite de cette étude, qu'une pause peut être
plus ou moins longue et importante (compte tenu, notamment, du maintien ou
de la discontinuité du schéma intonatif et accentuel), et qu'à la limite,
dans le cas d'une simple interruption instantanée par coup de glotte, elle
peut ne pas être perçue en tant que telle. Sous cette forme minimale, elle
peut apparaître assez naturellement en un point de densité syntaxique assez
forte. Or de la distribution des pauses, quelque importance qu'elles aient,
dépend celle des limites syllabiques. Ainsi, pour se contenter peut-être
d'une approximation, on admet généralement qu'en français, dans une suite
CV (consonne, voyelle), C appartient à la même syllabe que V (s'y "enchaîne") si et seulement si nulle pause ne les sépare. Supposons donc que dans
(1) l'e muet final des mots "entre", "ensuite", "porte", "parle", "grand -
mère" et "reste" ne soit pas réalisé même devant pause; alors il suit que
même dans cette hypothèse simplificatrice (1) admet (au moins !) 256 syllabations différentes, selon la distribution des seules pauses envisagées ici.

  Ainsi c'est un fait trivial, quoique qu'assez systématiquement oublié
dans bien des études actuelles, que dans des proportions considérables la
syllabation est relativement indéterminée par rapport à la suite phonologique du discours, tant de phrase à phrase qu'à l'intérieur de la phrase même.

  I.B Pause et jonction : ce rôle des pauses dans la syllabation a diverses conséquences dans la phonologie et la morphologie, dont nous examine-
rons seulement quelques-unes. L'une apparaît dans la jonction (liaison ou
élision proprement dite: je réserve le terme d'élision aux cas où le mot
une fois l'élision faite ne contient plus aucune voyelle). La jonction est
un processus de fusion syllabique à la frontière de deux mots dont le premier, sous sa forme jonctive, se termine nécessairement par un élément consonantique, et dont le second commence par une voyelle ou une semi-voyelle.
Le système de la jonction est ainsi réglé en français que le dernier phonème d'une forme jonctive doit normalement s'enchaîner à l'initiale du mot qui
le suit, constituant avec elle une sorte de syllabe mitoyenne. Il n'est pas
surprenant que ce système opère essentiellement en des points de forte densité syntaxique; en effet la formation de cette syllabe mitoyenne implique absence d'une pause entre les deux mots, comme on vient de le voir. Cette exigence a pour conséquence immédiate qu'une pause est plus naturelle à l'entre-
mot dans une suite comme /le-bö/ (les ... boeufs) que dans une suite jonctive comme /lez-ö/ (les ... oeufs), qu'on préfère souvent, au besoin, couper
devant la consonne jonctive (/le-zö/ : le...s oeufs).

  Dans un tel cas, la plus ou moins forte plausibilité d'une pause n'est
pas déterminable au seul vu de la suite des phonèmes et frontières syntaxiques de la chaîne. Ainsi l'unique suite /sɛt ami/ (où je note par le blanc
une séparation entre mots) peut correspondre aussi bien à la suite "sept a-
mis", pour laquelle /sɛt/ n'est pas une forme de jonction, mais une forme
neutre, qu'à la suite "cet ami", pour laquelle /sɛt/ est une forme jonctive
(opposée au correspondant phonologique de "ce"). Comme la forme jonctive a
pour rôle de conduire à la formation d'une syllabe mitoyenne, une pause est
plus plausible dans le premier cas ("sept ... amis") que dans le second ("cet
.... ami"). Cette différence de plausibilité d'une pause, et la différence

de latitude syllabique qui lui correspond, n'apparaît pas au seul vu de la
chaîne phonologique-syntaxique. On reviendra sur ce point.
Or le statut syllabique de la jonction a des conséquences que l'analyse morpho-phonologique ne saurait laisser de côté. Par exemple aucun mot français indigène qui ne soit pas un nom propre ne se termine par un /z/ ou un
/v/ ; mais voici de triviales exceptions à la règle ainsi formulée: l'article "les" dans /lez ami/ ; le numéral "neuf" dans /növ ã/ ("neuf ans") : ces
terminaisons sont exclues dans les formes non marquées pour la jonction, elles
ne le sont pas dans les formes jonctives. Tout mot français contient au moins
une voyelle ou un e muet : la suite "s'il l'a" présente pourtant deux formes
/s/ et /l/ exceptant à cette règle: ce sont des formes jonctives. Aucun mot
français ne commence ou ne se termine (sauf économie d'e muet, à distinguer
de l'élision, dans un mot comme /ddã/, "dedans") par une consonne géminée :
à cette double exclusion, ainsi qu'à la précédente d'ailleurs, excepte la
forme /ll/ dans "tu l'as vu" prononcé /tüllavü/ : c'est une forme doublement
jonctive: comme forme élidée (par rapport à "le" avec e muet), elle doit normalement s'enchaîner au mot qui la suit; comme forme à initiale géminée, elle doit se lier syllabiquement au mot qui la précède, suivant un processus
qu'on peut appeler la liaison régressive. Aucun mot français indigène ne se
termine par un /e/ (fermé) suivi d'une consonne; c'est cependant le cas dans
/lez ami/ pour "les amis", dans /šez artür/ ("chez Arthur") : cette exclusion
ne s'applique pas aux formes jonctives. Aucun mot français concevable ne peut
se terminer par un e muet suivi d'une consonne (au moins) : mais on trouve
/trist.z ami/ pour "tristes amis", /ratr.t il/ pour "rentrent-ils" (s'il est
vrai que dans ce dernier cas le /t/ qui précède le pronom appartient au mot
"rentrent") : ce sont encore des cas de jonction; dans de tels cas, la présence d'une pause n'est pas seulement peu plausible, si l'e muet est réalisé:
elle est radicalement exclue, comme dans la prononciation /tristəz-ami/ qui
est radicalement incorrecte.

Je ne sache pas que des études générativistes aient cherché à rendre
compte de la totalité des phénomènes de ce type, et cela, naturellement, d'une manière cohérente. On a cherché à expliquer une petite partie des faits
en formalisant l'idée, assez traditionnelle d'ailleurs, que la consonne finale de forme jonctive était rejetée à l'initiale du mot suivant; voilà qui
est facile à formaliser dans le cadre classique, puisqu'il suffit de faire
sauter une frontière de mot par-dessus une consonne ou une consonne par-dessus une frontière comme à saute-moutons: une règle, disons, "Et hop!" convertit aisément /lez ami/ en /le zami/ , /trist.z ami/ en /trist. zami/ .
On devrait retrouver ainsi des formes de mot toutes conformes au type normal. J'ai montré ailleurs[2] qu'à propos de l'accentuation et de la distribution des pauses, cette règle avait des conséquences incorrectes . Mais on
peut aller plus loin et soutenir qu'elle n'explique même pas l'entière extension des faits qu'elle prétend expliquer : soit en effet une suite comme /ž. ll e vü/ pour "je l'ai vu" ; la règle "Et Hop!" explique sans problème l'existence d'une géminée terminale (et initiale) en la convertissant en
/ž. l le vü/ ; mais cela ne suffit pas, car il nous reste encore une forme
/l/ sans voyelle ni e muet, encore caractéristique des suites jonctives, et
non conforme au type général des mots : il faut encore se débarasser de cette consonne . On peut le faire par "Et Hop!" qui fait à son tour sauter la
consonne en avant, produisant la suite /ž. lle vü/ ; mais cela n'est pas satisfaisant, car on obtient une forme de mot /lle/ à initiale géminée . Reste
l'espoir de pouvoir rejeter la consonne /l/ en arrière par une nouvelle règle, disons "Hop! Et" : on obtient alors la suite /ž.l le vü/ , qui par chance ne contient aucune initiale ou finale géminée . Mais elle n'est pas non

plus satisfaisante, parce qu'elle présente la forme /ž.l/ qui n'est pas une
forme de mot normale en français: c'est une forme typiquement jonctive, avec
son e muet suivi d'une consonne. Ainsi le principe de permutation des consonnes jonctives et des frontières de mot n'explique pas la possibilité de toutes
les formes de type jonctif en les réduisant à des formes du type ordinaire.

On a pu noter au passage que dans l'opération, un mot disparaissait
complètement, car pour débarasser le mot /ll/ de ses deux consonnes encombran-
tes, il faut le réduire à zéro . Il en va de même, dans les cas de simple élision, puisque /ž. l e vü/ pour "je l'ai vu" devrait devenir /ž. le vü/ . Ces
conséquences peuvent suggérer un autre mode d'explication et de formalisation
du phénomène : les consonnes jonctives ne sont pas permutées avec les frontières, mais plutôt celles-ci sont simplement supprimées (suivant une idée tout
aussi traditionnelle). Tout rentre alors dans l'ordre: pour "je l'ai vu",
/ž. l e vü/ devient /ž. le vü/ (avec une seule frontière de mot, et non plus
deux, entre /ž./ et /le/); /ž. ll e vü/ devient /ž.lle vü/ . Cela signifie-
rait que deux mots en relation de jonction en forment un seul, et que ce processus est récursif (n mots en relation de jonction en forment un seul) . Mais
cette explication n'est tout de même pas entièrement satisfaisante: contre elle valent encore les objections contre la précédente auxquelles j'ai fait allusion plus haut[2]; ainsi, malgré le fait que la jonction diminue la plausibilité d'une pause à l'entre-mot, on peut, tout de même, à la rigueur en réaliser une dans /sɛt-ami/ pour "cet ami"; mais la même pause à la même place est
bien moins plausible, à la supposer possible, dans /sɛt-ami/ pour "ces tamis":
sa possibilité dans le premier cas manifeste le maintien du statut de mot pour
une forme même liée par jonction . De même l'accent initial de Marouzeau, qui
ne frappe que le début des mots (ou, dans sa valeur affective, éventuellement
leur seconde syllabe si la première commence par une voyelle), peut intervenir à l'intérieur d'une suite jonctive comme dans /seZAmi/ (voire /sez-Ami/)
pour "ses amis" (en notant l'emphase par des capitales), ou /setePUvãtabl/
pour "c'est épouvantable" : il convient donc de reconnaître, même en cas de
jonction, l'identité des mots, puisqu'elle continue de déterminer la possibilité des pauses et des accents . Du reste, on ne parvient même pas dans
cette conception à normaliser complètement la forme des mots: ainsi la suite /ž.lle vü/ contient un (prétendu) mot contenant un e muet suivi d'une consonne géminée : ce type de séquence n'est rendu possible que par la jonction
régressive ; il n'existe en quelque position que ce soit à l'intérieur d'aucun mot français .

De ce type de fait, les descriptions générativistes que j'ai vaguement
esquissées ici ne rendraient compte que partiellement, incorrectement et in-
directement . L'idée quasi-traditionnelle d'un phénomène d'ensemble de jonction, plus difficile à formaliser dans un mécanisme uniquement dérivationnel,
permet d'en rendre compte d'une manière directe, moins partielle et plus souple . Il apparaît clairement, sous ce jour, que la syllabation d'une suite ne
peut être complètement déterminée au seul vu de sa constitution en phonèmes
et frontières . On peut d'ailleurs se demander, à cet égard, dans quels cas
la règle "Et Hop!" devrait opérer, dans une dérivation ; cela serait as.ez
facile à déterminer en ce qui concerne les cas d'élision proprement dite, si
on formalisait la chose en sorte que la règle de troncation censée produire
les formes élidées déterminait automatiquement le déplacement ou la suppression des frontières de mot ; cependant, si c'est la même règle qui produit
les formes de liaison (ou plutôt les conserve, en produisant plus exactement
les formes de non-liaison par suppression de consonne finale), il faudrait
inversement qu'elle détermine le déplacement ou la suppression de frontière
justement dans les cas où elle n'opère pas : on ne saurait formaliser élégam-

ment cette espèce de contradiction; mais supposons la chose faite: cela ne
suffira pas à rendre compte des formes de jonction du type "bel", "vieil",
"mol", "cet", etc. dont il n'est guère sérieux de considérer qu'elles déri-
vent synchroniquement par troncation phonologique des formes non-marquées
correspondantes "beau", "vieux", "mou", "cet", ou leur sont inversement sous-
jacentes phonologiquement (d'ailleurs "vieil" s'oppose à une autre forme jonctive de liaison bien attestée /vjöz/ attestée même au singulier); il est clair
dans ces cas-là au moins (pour ne pas trancher ici des autres) que la forme
jonctive est une forme alternative *choisie au lieu de* la forme non-marquée
plutôt que *dérivée* d'elle ou *sous-jacente* à elle, comme l'est la forme "mon"
substituée à "ma" dans "mon amie" (où elle représente toutefois un cas classique de jonction par liaison (/mɔ̃n/, et non /mɔ̃/)); dans cet ordre d'idée on
peut même penser avec Génin (1845, p.183) que l'article dans "l'amie" n'est
pas une forme élidée de "la", mais un cas de substitution de la forme de genre masculin (ou neutre) à la forme féminine . Dans une analyse d'ensemble de
la jonction, il suffit d'énoncer qu'une forme jonctive, qu'elle soit, ou ne
soit pas, phonologiquement dérivée de la forme non-marquée correspondante ou
sous-jacente à elle, doit normalement constituer avec le mot qui suit une syllabe mitoyenne . Le fait qu'une forme jonctive peut ne pas répondre au type
normal du mot français découle du fait que la régulation syllabique des formes possibles dans la langue n'a pas seulement pour objet les mots, mais aussi, dans une certaine mesure, les suites normalement cosyllabées .

On ne saurait objecter à cette vue qu'il est nécessaire de rendre compte synchroniquement de la relation formelle de "vieil" à "vieux", de "cet" à
"ce" et à "cette", etc. Car à supposer qu'on puisse rendre compte de telles
alternances d'une manière assez générale pour être significative, rien n'impose qu'on puisse le faire seulement dans la description phonologique, si celle-ci a pour objet de dériver la forme phonétique d'une phrase unique à partir de sa forme sous-jacente supposée : de telles relations pourraient, a priori, aussi bien s'exprimer dans l'analyse lexicale et morphologique, qui décrit l'ensemble des formes possibles indépendamment de la singularité des
phrases où elles sont employées . C'est à l'intérieur de ce composant que
les formes marquées comme jonctives doivent être signalées comme telles .

Le statut syllabique particulier des formes de jonction explique que
chez les poètes qui séparent par l'entrevers des mots en relation de liaison,
comme Verlaine, Rimbaud ou Mallarmé, même si du point de vue de la graphie
la consonne notant la consonne de liaison appartient à la rime, du point de
vue phonétique elle appartient en général à l'initiale du second vers . Ainsi du point de vue graphique l's final de vers dans la suite "très / Intelli-
gent" (Rimbaud, 1972, p.43) fournit une rime classique avec "traits" au vers
suivant; mais comme ce mot ne saurait entrer en liaison avec l'initiale du
vers qui le suit ("Semblaient"), c'est la rime phonique /trɛ/ qui est évidemment suggérée, le /z/ ligatif de "très" appartenant phoniquement au vers suivant . Ainsi se manifeste en versification la tendance à respecter la syllabe de jonction fût-ce au détriment de l'exacte distinction des mots .

I.C Pause et nécessité de l'usage d'e : j'ai proposé ailleurs de caractériser l'e muet, sous le nom de *droit d'e*, noté /./, comme l'aptitude lexicalement déterminée d'une occurrence de consonne à être suivie d'un prolon-
gement vocalique destiné uniquement à faciliter sa syllabation . Ainsi la représentation phonologique /mɔ̃t.ra/ pour un mot comme "montera" signale la possibilité de prononcer /mɔ̃təra/ (usage du droit d'e) ou /mɔ̃tra/ (prononciation
syllabiquement plus compacte, par économie du droit d'e) . Soit donc à déterminer la syllabation d'une suite comme /t. tɛr./ pour "te taire" . A s'en te-

nir ici à l'initiale de cette suite, il apparaît évident qu'elle admet au
moins deux sortes de syllabation, selon que le droit d'e du /t/ de "te" y
est ou non utilisé, suivant les deux possibilités /ttɛr./ et /tətɛr./ ;
mais il est tout aussi clair que ces possibilités dépendent de la présence ou de l'absence d'une pause entre le pronom et le verbe, suivant les
possibilités /t.-tɛr./ et /t.tɛr./ (je note la contiguïté (absence de pause) par le soulignement des éléments contigus) . Admettons (en simplifiant
un peu) qu'en français une géminée est toujours divisée par une frontière
syllabique (postulat des géminées), et qu'un élément consonantique, surtout
une occlusive, ne peut seul constituer une syllabe; admettons aussi qu'aucune syllabe ne contient une pause, et que toute suite phonique doit être
syllabée d'une manière ou d'une autre (se réaliser comme une suite de syllabes éventuellement séparées par des pauses) . Dans ces conditions la réalisation /-ttɛr./ pour "te taire" est exclue; en effet suivant le postu-
lat des géminées elle doit présenter une frontière syllabique dans /-t|tɛr./;
suivant l'hypothèse sur les pauses, et la condition de possibilité de sylla-
bation, elle en contient une autre après la pause dans /-|t|tɛr./ ; /t/ de-
vant par force, dans cette suite, former une syllabe, et ne le pouvant pas
par hypothèse, ce type de réalisation est insyllabifiable, donc incorrect .
Ainsi l'économie du droit d'e du pronom est incompatible avec la présence
d'une pause devant le verbe . On peut donc dire que dans un énoncé comme
"tu vas te taire", la distribution des réalisations d'e muet est conditionnée par celle des pauses; et qu'ainsi, compte tenu de ce que nous avons vu
plus haut, elle est indéterminée par rapport à la constitution de la chaîne
morpho-syntaxique . Or il est évident que la forme syllabique de la chaîne
dépend de la distribution des réalisations d'e muet .

Le même genre de conditionnement apparaît d'une manière encore plus
nette dans une suite comme "joyeuses amies", /žwajöz.z ami/ . En effet, suivant qu'on réalise ou non le droit d'e, et suivant qu'on insère ou non une
pause entre les deux mots (car nous avons vu sur divers exemples qu'une pause anti-jonctive était normalement exclue, mais pouvait à la rigueur apparaître), on obtient les quatre types de réalisations suivants :

    (2) /žwajözəzami/   (usage d'e, contiguïté)
    (3) /žwajözəz̄-ami/   (usage d'e, pause)
    (4) /žwajözzami/   (économie d'e, contiguïté)
    (5) /žwajöz̄z-ami/   (économie d'e, pause)

La réalisation (5) est exclue par des principes généraux de la même manière
que la suite /-ttɛr./ ci-dessus: elle présente une géminée insyllabifiable
normalement . La réalisation (3) paraît aisément syllabifiable, mais elle
est exclue d'une manière plus spécifique; en effet le /z/ final de mot s'y
syllabant forcément dans la syllabe dont la voyelle est la réalisation d'e
muet, cette voyelle se trouve en syllabe fermée; or cette situation est radicalement exclue pour un e muet de ce type (e féminin) . Ainsi, par suite
d'un ensemble assez complexe de conditions, toute pause est ici exclue entre
l'adjectif jonctif et le nom, que le droit d'e soit utilisé ou non . Mais cette exclusion singulière n'est pas directement prévisible au seul vu de la
chaîne phonologique .

Non seulement la syllabation d'une chaîne n'est pas complètement déterminée par sa structure morpho-phonologique; mais encore elle contribue à déterminer cette structure elle-même; ou plutôt, la constitution morphologique
d'une chaîne est déterminée par la ou les manières dont cette chaîne peut se
syllaber . Un exemple typique de ce conditionnement est fourni en français
par le comportement des mots dits à h aspirée, et plus précisément par les

mots que j'ai caractérisé ailleurs[3] par la propriété de *séparabilité syllabi-*
que . Un exemple en est le mot "hasard", qui n'est pas forcément syllabiquement isolé du mot qui le précède, puique on peut prononcer sans pause à l'entre-mot une suite comme "par hasard" /parazar/ : dans cette prononciation,
la consonne finale de "par" s'enchaîne à la voyelle qui suit et appartient
à la même syllabe qu'elle ; il en va de même pour qui admet la prononciation
/êtɛlazar/ pour "un tel hasard", voire la prononciation /tristazar/ (avec
économie d'e et contiguïté) pour "triste hasard", ou /milemilāzar/ pour "mille et mille hasards" . Mais dans tous ces cas, par usage éventuel du droit
d'e ou réalisation d'une pause devant "hasard", il est possible de faire en
sorte que ce mot soit effectivement syllabiquement séparé (à l'initiale),
c'est-à-dire en sorte que sa première syllabe ne contienne aucun élément
(forcément consonantique) du mot qui le précède . Jusque là, rien que de
commun aux mots de la même forme. Ce qui distingue le mot "hasard" est sa
propriété, lexicalement signalée, de séparabilité syllabique, ainsi définie:
un mot est *syllabiquement séparable* (à l'initiale) s'il doit être possible
qu'il soit syllabiquement séparé, c'est-à-dire, pratiquement, précédé d'une
pause . De cette propriété découle le fait qu'on ne peut faire la liaison
dans "les hasards" /lezazar/, car l'exigence de toujours pouvoir réaliser
une pause à l'entre-mot dans /lez-azar/ contredirait la fonction même de
la forme jonctive /lez/, qui est de constituer avec le mot qui suit une syllabe mitoyenne de jonction ; c'est l'exclusion de cette forme marquée pour
la jonction qui détermine le choix de la forme non-jonctive /le/ (qu'elle
soit phonologiquement dérivée ou constituée dans le composant lexical); de
même on choisit la forme ordinaire "beau" de préférence à la forme jonctive
"bel" dans "beau hasard", et la forme féminine ordinaire "ma" plutôt que
la forme jonctive /mɔ̃n/ ("mon") dans "ma Hollande", parce que la première
ne contredit pas les exigences de leur séparabilité syllabique .

Le même type de conditionnement joue d'une manière seulement plus complexe dans le choix et la prononciation de l'article dans "le hasard" . On
attendrait que puisque devant consonne, comme dans "c'est le loup", le droit
d'e de l'article peut s'économiser (/sellu/), il le puisse a fortiori dans
"le hasard", devant voyelle: mais la prononciation /selazar/ pour "c'est le
hasard" est exclue . Ici joue le fait qu'une réalisation de clitique dépour-
vue de voyelle ne peut être séparée de son appui par une pause (*règle de contiguïté des clitiques consonantiques*) : ainsi la pause admissible ou tolérable dans /selə-lu/ ("c'est le ... loup"), /sitüta-trɔ̃pɛ/ ("si tu te ... trom-
pais") ne l'est plus guère, avec économie d'e, dans /sel-lu/, /sitüt-trɔ̃pɛ/,
où les réalisations de "le" et "te" sont purement consonantiques . Signalons
au passage que dans ces deux cas la pause exclue ne modifierait même pas la
constitution des syllabes, puisqu'en son absence on obtient une géminée et
qu'ainsi, de toutes manières, la consonne de "le" ou "te" (avec économie d'e)
doit se syllaber avec le contexte précédent . Nous comprenons donc pourquoi
l'économie d'e dans /lazar/ pour "le hasard" est exclue: elle entraîne la présence d'un clitique consonantique qui ne peut être séparé du nom (son appui)
par une pause; mais la séparabilité syllabique de ce nom exige qu'une pause
puisse être insérée; le droit d'e du clitique doit donc nécessairement être
utilisé, parce qu'il conditionne la possibilité d'apparition d'une pause devant "hasard" . Une telle conséquence, dont l'influence sur les possibilités
de syllabation est évidente, n'apparaît pas directement au vu de la chaîne
des phonèmes et frontières : pour la prévoir, il faut, notamment, savoir que
"hasard" est marqué comme syllabiquement séparable, et que l'économie d'e
constituerait une forme de clitique consonantique, sujette à une règle de
contiguïté . Non seulement on explique ainsi pourquoi le droit d'e de l'ar-

ticle "le" /l./ ne peut pas s'économiser devant "hasard"; mais aussi on explique par là la préférence de la forme ordinaire avec droit d'e par rapport à
la Forme jonctive /l/ sans droit d'e (forme "élidée" qu'on a dans "l'ami",
qui n'a pas de droit d'e puisque sinon, à la rigueur, en cas de pause, on
pourrait dire /lə-ami/); en effet cette forme n'a de réalisation que consonantique; elle est donc toujours soumise à la règle de contiguïté des clitiques consonantiques, et par suite exclue devant un mot à séparabilité syllabique; comme en outre c'est une forme marquée comme jonctive, elle est, de
toutes manières, exclue devant de tels mots pour la même raison que toutes
les formes de liaison . Le même jeu complexe de conditionnements des formes
morphologiques à choisir par les syllabations qu'elles rendent possibles explique la préférence de "ce" par rapport à la forme jonctive "cet" dans "ce
hasard" . Ainsi la structure phonologique est déterminée par celle des pauses
et syllabations possibles pour une suite, et à son tour le choix des formes
lexicales est conditionné par l'éventualité des pauses .

    I.D Pause et dispense de l'usage d'e : il est très largement admis
dans les grammaires, et même dans les études spécialisées, comme une simple
observation incontestable, que dans un syntagme comme "quatre amis" l'e muet
s'élide forcément, ou plutôt, pour s'en tenir à la terminologie préférée ici,
doit être économisé ; on déclare par là-même que cette suite se prononce
/katrami/ et non pas /katrəami/ . Cette prétendue observation ne me paraît
soutenable que pour un usage linguistique où en finale de phrase par exemple l'e muet (supposé) de "quatre" ne pourrait tout simplement jamais se ré-
aliser⁴. Je doute qu'on en aurait jamais fait état si on avait songé à l'exprimer plus en détail, compte tenu de l'éventuelle apparition d'une pause
entre le déterminant et le nom ; car cette précaution étant prise, on s'a-
perçoit qu'il y a lieu d'examiner non pas deux, mais bien les quatre cas
qui suivent :

        (6) /katrəami/   (usage d'e, contiguïté)
        (7) /katrə-ami/   (usage d'e, pause)
        (8) /katrami/   (économie d'e, contiguïté)
        (9) /katr-ami/   (économie d'e, pause)

Il serait hasardeux d'avancer que les réalisations avec /ə/, (6) et (7), sont
toutes deux également exclues. Certes il est difficile de décider précisément
pour chaque cas, notamment à cause des difficultés de l'étude de l'e muet
en général : il y a lieu de distinguer entre parlers du Nord et méridionaux,
parfois même entre personnes d'un même groupe; entre styles, niveaux de conversation, lenteur et netteté du débit, etc. ; il peut être difficile de distinguer entre un e muet discrètement réalisé, à peine sensible, et un simple
affaiblissement de la liquide de "quatre"; il peut même être pertinent de distinguer une réalisation du droit d'e proprement dit et une simple épenthèse
déterminée d'une manière essentiellement phonétique . Cependant, ces réser-
ves étant faites, je crois pouvoir affirmer que pour un bon nombre de locuteurs dont je suis, en cas de pause comme dans (7), non seulement une nette
réalisation d'e muet est possible, mais elle est tout à fait banale, et cela
d'autant plus que la pause est marquée et l'articulation soignée . Dès lors
qu'une pause justifie l'utilité syllabique d'une voyelle supplémentaire, le
droit d'e peut être très banalement utilisé . Cette situation est bien différente de celle qu'on a en cas d'élision proprement dite comme dans "l'ami",
où l'apparition d'un son /ə/, avec ou sans pause, est tout simplement exclue
en français, et il convient donc de la décrire et d'en rendre compte dans l'a-
nalyse phonologique .

    Dans la poésie (sujette, il est vrai, à des conventions particulières),
elle se manifeste clairement dans le traitement des rimes suivant la règle
d'alternance en genre . Ainsi à la fin du vers l'article "une" fait classi-

quement une rime féminine quelque mot qui le suive; c'est-à-dire que malgré sa relation syntaxique étroite avec ce mot, comme chaque vers est censé être indépendamment syllabé, son e muet, surnuméraire, est tout de même pertinent; alors que "ni l' / Hommage" fournit une rime "masculine" régulière à "Mesnil" (Mallarmé 1945, p.135) et que l'article "le" ferait une rime masculine régulière à "bleu" (l'e muet y étant phonologiquement masculin par position) .

Tout ce qu'on peut raisonnablement soutenir, en ce qui concerne la prétendue élision d'e examinée ici, est que toutes choses égales par ailleurs , l'usage d'e muet final dans un mot contenant en outre une vraie voyelle est d'autant plus probable que ce mot est en relation syntaxique lâche avec le mot qui le suit . Mais cette dépendance n'est qu'indirecte : elle passe évidemment par le fait que la tendance à cosyllaber deux suites est d'autant plus forte qu'elles sont en relation syntaxique étroite, toutes choses égales par ailleurs[5]. Or l'assez grande liberté de distribution des pauses dans une suite de phrases déterminée, évoquée plus haut, est un assez clair indice de ce que la relation entre densité syntaxique et tendance à cosyllaber n'est pas très rigoureuse . Les conséquences de cette indétermination sur l'utilisation du droit d'e apparaissent peut-être plus clairement lorsque celui-ci précède un entre-mot de densité syntaxique, disons, moyenne, comme dans "Ils sont quatre au plus", "Ils sont quatre ou même cinq"; ou assez faible comme dans "Ils sont quatre et ils le savent" ; dans ces cas il est plus facile d'imaginer la possibilité d'une pause, même assez marquée, et, par suite, d'imaginer une utilisation du droit d'e de "quatre", chez des locuteurs utilisant volontiers pour ce mot le droit d'e devant pause .

J'ai implicitement supposé, jusqu'ici, que la réalisation d'une pause était une condition nécessaire de la non-cosyllabation de deux suites . Mais cela même est une simplification . Car on peut, après tout, imaginer que deux suites sont indépendamment syllabées quoiqu'elles "se touchent", la syllabation de la seconde étant entreprise au moment même où la syllabation de la première s'achève . Si tel est bien le cas, il faudrait s'attendre que le droit d'e d'un mot comme "quatre" puisse s'utiliser même en contiguïté devant voyelle . La chose me paraît effectivement possible . On en trouve des exemples jusque dans l'intérieur des vers, y compris dans la chanson, malgré le fait que le vers est justement, d'ordinaire, un contexte de cosyllabation . Ainsi Barbara chante dans "La louve" :

> Et le chien au midi frileux
> A suivi ma piste et ma chasse
> Et j'ai cru voir dedans ses yeux
> Le reflet d'un éclair qui passe

en prononçant au deuxième vers, pourtant clairement conçu comme un octosyllabe, l'e muet du mot "piste" devant la voyelle de la conjonction, ces deux voyelles se succédant rapidement . A fortiori, à l'entrevers, Brassens peut chanter, dans "Corne d'Auroch" :

> Il rendit comme il pu son âme machinale
> Et sa vie n'ayant pas été originale

en prononçant sans pause intermédiaire l'e muet de "machinale" et le /e/ initial du vers suivant . Bien des lecteurs d'aujourd'hui font inconsciemment la même chose à l'intérieur du vers quand ils lisent un alexandrin comme

> Belles,et toutes deux joyeuses, ô douceur! (*Contemplations*)

en réalisant l'e muet de "belles" et de "joyeuses", nécessaire à la scansion, mais sans faire des liaisons qui les choquent, et cependant parfois

sans insérer de pause . Ce faisant, avec ou sans pause, ils ne font que prononcer le vers comme une suite de suites cosyllabées, mais non cosyllabées
entre elles . Chez des poètes non "réguliers", on trouve même des vers où
aucune éventuelle consonne de liaison ne peut séparer un e muet phonologiquement féminin d'une voyelle qui le suit ; ainsi Mazaleyrat (1974, p.66,
note 1) cite, comme octosyllabe de Verhaeren "D'être immense et d'être fou";
comme octosyllabe de Char "La détresse et le regret"; comme alexandrin d'A-
ragon "La guerre et sept ans de mort, l'infanterie" . De tels vers surpren-
nent d'abord à la lecture, parce qu'ils sont des vers, et surtout parce que
le lecteur, voyant et sachant ce qu'il va dire avant même de le dire, tend
beaucoup plus à cosyllaber les phrases qu'un locuteur qui les inventerait
à mesure⁶.

Au fond les grammairiens qui jurent que l'e muet se mange toujours
devant voyelle sont peut-être un peu comme ces lecteurs qui savent d'avance
ce qu'ils vont dire, lorsqu'ils s'offrent, à la lueur de leur lampe, des phrases toutes faites à prononcer .

I.E Pause après liquide : une liquide finale de mot (à l'e muet près),
placée après certaines consonnes, notamment occlusives, peut (en termes appro-
ximatifs) tomber devant consonne en conversation standard, sous certaines conditions; ainsi l'ʀ peut se boire dans "quatr̸e coups", "fenêtr̸e fermée", "mer-
dr̸e sèche", etc. Les faits, à cet égard, ne paraissent, dans le détail, ni
très nets, ni tout à fait constants de locuteur à locuteur . Cependant cette
chute de liquide me paraît faire nettement plus "négligé" devant voyelle que
devant consonne; ainsi les exemples précédents représentent une prononciation
éventuellement plus soutenue que: "quatr̸e amis", "fenêtr̸e ouverte", etc. Encore faut-il préciser, du moins, me semble-t-il, en ce qui concerne mon propre usage, que devant voyelle la chute est aussi correcte que devant consonne
si la voyelle est précédée d'une pause . Ainsi j'opposerais "quatr̸e coups" et
"quatr̸e ... amis" (/kat-ami/) d'une part, à "quatr̸e amis" sans pause (/katami/)
comme plus négligé, d'autre part ; ou du moins je crois traiter /kat-ami/ sinon comme aussi correct que /katku/, du moins comme moins négligé que /katami/;
en tout cas, avec pause dans les deux cas, /kat-ami/ me paraît exactement comparable à /kat-ku/ ; la prononciation /kat/ dans ces deux cas me paraît être
du même ordre de correction que dans "Ils sont quatr̸e" devant pause .

Ainsi, quoique les faits ne me paraissent pas clairs même en essayant
de m'en tenir à mon usage, il me semble qu'on peut soupçonner que la chute de
liquide devant consonne d'abord évoquée est plutôt, ce qui est fort différent,
une chute de liquide non suivie contiguëment de voyelle; ou, en tout cas, dans
une description plus souple, une chute conditionnée par la situation syllabique exacte de la liquide éventuelle . Il semble donc que la chute ou le maintien des liquides, dans ce type de cas, puisse dépendre des aléas de la syllabation et, par ce biais, de la distribution imprévisible des pauses . Ainsi
non seulement la syllabation n'est pas entièrement déterminée par la constitution de la chaîne phonologique, mais encore, dans une certaine mesure, la
constitution de cette chaîne peut dépendre de la syllabation .

I.F Pause et consonification : comme exemple de conditionnement immé-
diat de la chaîne phonologique par la syllabation, on peut encore mentionner
la consonification de voyelle fermée (/i/, /u/, /ü/) devant voyelle non identique . Ainsi le /u/ de "Tu sais où aller" /tüseuale/ peut perdre sa syllabicité dans la prononciation /tüsewale/; mais cette altération est tout à fait
impossible devant pause, et la prononciation /tüsew-ale/ est incompréhensible.
Le phénomène intermédiaire d'insertion de glissante dans les mêmes contextes

(/tüseuwale/ avec /w/ inséré après /u/), à l'entre-mot du moins, est également
bloqué par la présence d'une pause: une prononciation comme /tüseuw-ale/ est
tout à fait exclue . Ce conditionnement n'a rien que de naturel; mais il montre que si on tient les variations de la syllabicité, dans ces exemples, pour
des changements de trait pertinent, ces changements dépendent clairement des
conditions précises de la syllabation et des pauses choisies .

    Est-il besoin de rappeler que ce que ces exemples veulent illustrer, ce
n'est pas simplement le fait largement reconnu que des processus phonologiques
peuvent être syllabiquement conditionnés; mais plus précisément qu'ils sont
parfois conditionnés, dans une suite de mots donnés, par le choix de telle
ou telle manière possible parmi d'autres de syllaber cette suite de mots .
Par ce biais ils sont eux-mêmes soumis aux aléas de la syllabation . Une autre remarque est peut-être nécessaire: en disant, comme je l'ai fait ci-dessus,
que /u/ peut "perdre sa syllabicité" devant /a/ (sans pause) dans "où aller",
on risque de suggérer, dans une optique dérivationnelle, qu'à la réalisation
/wale/ de "où aller" est sous-jacente la forme /uale/; et de là on pourrait
conclure qu'à la syllabation /|wa|le|/ est sous-jacente la syllabation /|u|a
|le|/, par exemple . Je ne cherche pas à imposer une telle conclusion, et
peut-être pourrait-on tout aussi bien exprimer les faits en disant que pour
la réalisation de "où", il peut y avoir choix entre une forme syllabiquement
autonome /u/ formant syllabe, et une réalisation syllabiquement dépendante
/w/ cosyllabable avec la voyelle qui suit, c'est-à-dire qu'il y a neutralisation de la syllabicité du /u/ .

    I.G <u>Sons marginaux</u> : le son garde-parole par lequel on montre, sans
vraiment parler, qu'on n'a pas fini de parler, graphiquement codé comme "heu"
ou "euh" comme dans

       Paul, heu ... l'a pas vu

se réalise souvent comme un son voisin de /ö/ . Il peut être contigu à une
consonne et, à ce titre, interférer avec la syllabation de la phrase, comme
dans cette réalisation de l'exemple précédent :

       pɔlölapavü

Ici le /l/ de "Paul" s'enchaînant au son garde-parole, le /ɔ/ de "Paul" se
trouve en syllabe ouverte, alors qu'en l'absence d'un tel son, qu'il y ait
ou non une pause entre "Paul" et "l'a", la suite /ll/ formant une géminée,
ce /ɔ/ se trouverait forcément en syllabe fermée .

    Or le son qui interfère ainsi avec la syllabation de la chaîne parlée
proprement dite n'est pas un phonème, au sens strict et officiel . En effet
il n'est pas dénombrable : la suite "parlée" représentée par la graphie
"heu ... heu..." ne s'oppose pas forcément d'une manière significative à la
suite "heu... heu... heu..." ; il n'y a pas lieu pour "comprendre" de compter
les "heu", voire de les distinguer s'ils se suivent ; de plus il n'admet aucune caractérisation fixe en "traits" pertinents : par exemple il ne s'oppose
pas d'une manière tranchée à un son d'allure /ö/ ou /œ/, qu'il soit nasalisé
ou ne le soit pas, voire à un son voisin de /ã/, voire même à la simple pro-
longation d'un son de la chaîne parlée qu'on prolongerait indéfiniment pour
montrer qu'on conserve la parole (Bolinger 1975, p.19) ; il peut évoluer de
l'une à l'autre de ces apparences d'une manière continue lors d'une seule é-
mission . Sa caractéristique serait plutôt d'ordre négatif : il doit représenter le fonctionnement de la voix sans être pris pour une parole déterminée . Il n'admet donc aucune représentation sérieuse du type phonologique,
aucune schématisation en un nombre fini de caractéristiques devant appartenir
au système phonologique du locuteur . Puisqu'il interfère avec la syllabation

de la chaîne parlée, il faut conclure que celle-ci dépend d'éléments non linguistiques au sens strict .

Par ce biais, de tels éléments non linguistiques peuvent conditionner,
par exemple, l'utilité de l'e muet . Soit à prononcer la phrase

J'aurais préféré me marer

Si on économise l'e muet du pronom "me", celui-ci constitue un clitique sans
voyelle et doit donc être prononcé contiguement au verbe "marer" avec lequel
il forme une géminée /mm/ ; dans ce cas il requiert normalement une voyelle
contiguë avant lui avec laquelle il puisse se syllaber ; une pause paraît
donc normalement possible entre "préféré" et "me" si et seulement si l'e muet
de "me" est utilisé . Mais cette condition n'est exacte que si aucun son d'aucune sorte n'intervient entre les réalisations de ces deux mots . Supposons
qu'un "euh" garde-parole précède l'occurrence de "me" ; ce qui importe alors,
c'est de savoir s'il est séparé du pronom par une pause; s'il ne l'est pas
la formation d'une géminéée dans /mmare/ est possible . Cela veut-il dire
qu'il faille intégrer à la description phonologique de la phrase celle du
son noté "euh" ? Evidemment non; mais la conséquence à tirer de ce type d'observation est que la syllabation d'une phrase donnée dépend d'éléments plus
ou moins extérieurs à la chaîne proprement linguistique . Ce qu'on peut dire
au sujet de la réalisation d'e muet dans cette phrase est donc quelque chose de plus vague, du genre suivant : il peut s'économiser si le pronom suit sans
l'intermédiaire d'une pause un son d'allure vocalique, qui peut-être la finale de "préféré", mais peut aussi bien être un élément étranger à la phrase .
Le "euh" n'est qu'un exemple possible de ce type de corps étranger . Bien
des "interjections", que la graphie officialise et verbalise en "ah", "oh"
et autres "hi!" apparemment discrets, ne sont en fait, dans la parole parlée,
que des espèces de sons vocaliques mal différenciés, et interfèrent constam-
ment avec la syllabation des éléments proprement grammaticaux .

Peut-on se résoudre à limiter les dégâts en utilisant, dans la représentation phonologique, des segments non complètement déterminés, où, par exemple, le seul trait "syllabique" soit spécifié ? Non, car ce serait là détour-
ner les notations de "traits" de leur fonction classique, qui est de correspondre à des propriétés discrètes et caractéristiques permettant d'opposer
ou d'identifier comme différentes ou identiques des unités conventionnelles .
Attribuer à un cri de colère comme à un soupir d'amour une même description:
"+ syllabic" serait feindre que par leur éventuelle et relative "syllabicité"
ils s'opposent d'une manière tranchée à d'autres productions "non syllabiques"
et se confondent entre eux au sein d'une plus vaste unité codée de cris . Il
faut donc ou justifier un tel point de vue, ou reconnaître les facteurs d'indétermination de la syllabation des phrases là où ils existent .

II. LIMITES DE SYLLABES ET RANGS D'OIGNONS

Le prestige quasi-mystique de la notion de "phonème" comme clef de voûte
de toute formalisation, renforcé, d'une manière purement circonstancielle, par
le système de la typographie en unités successives séparées (même dans la graphie "phonétique") impose, spécialement depuis quelques dizaines d'années en
phonologie, une vision tout à fait déformée de la syllabation . Tout fait qui
compte tend à être décrit ou comme un phonème, c'est-à-dire comme un chaînon
dans une chaîne ou un grain sur un chapelet, ou comme un trait pertinent, propriété constitutive d'un tel élément . Pour s'en tenir à la notion principale
ici de syllabe, disons que réduire la formalisation de la syllabation à la re-

présentation de limites chosifiées en "frontières" insérées tout comme de nouveaux phonèmes entre les phonèmes, c'est s'exposer à réduire un certain type de relations entre sons à n'être rien qu'une nouvelle entité ajoutée à ces sons comme le serait un nouveau son . C'est ainsi que si on voulait décrire dans une belle formalisation une rangée d'oignons, non content de représenter par la succession de symboles les oignons successifs, s'il fallait représenter la manière dont ils sont espacés ou adossés et leurs rapports mutuels, on pourrait vouloir imaginer que la relation de proximité entre deux oignons est une espèce d'oignon, que le bord d'un oignon est une espèce d'oignon, etc. Tout dans cette théorie d'une simplicité optimale se réduirait à la successivité de l'ognéité, et il ne resterait plus qu'à espérer qu'elle puisse révéler la vraie nature des choses .

L'écriture, même non mécanique, offre une foule d'exemples de conversion du non linéaire ou du non successif en linéaire successif . La ponctuation, par exemple, indique par des symboles alignés selon l'ordre de la chaîne qui comprend aussi les lettres le découpage syntagmatique du discours : elle établit des limites entre des groupes d'unités, au lieu de marquer la cohérence de ces groupes ; ce n'est qu'occasionnellement que la voix indique le découpage syntagmatique par des pauses (qui d'ailleurs admettent bien d'autres fonctions) : l'organisation prosodique (intonation et accents compris) ne signale pas les groupes simplement en les séparant, mais en les caractérisant d'une manière interne . L'orthographe multiplie les astuces pour signaler des relations entre segments donnés par des segments ajoutés . Etymologiquement, la lettre "h" de "huit", "huile", etc. (cf. latin "octo", "oleum") oblige à distinguer ces mots de "vit", "vile", dans une orthographe où les graphies "v" et "u" ne sont pas contrastées et différenciées (l'astuce alors consiste à mettre une lettre muette, donc inoffensive, devant une lettre qu'il faut alors interpréter comme voyelle et non plus comme consonne) . Dans un mot comme "chandelle", au lieu de "chandele" par exemple, la gémination de la lettre "l" , si elle était prise au sérieux, aurait pour conséquence que la voyelle qui la précède est forcément en syllabe fermée; or en syllabe fermée e muet, phonologiquement, est remplacé par /ε/ ; on ne veut par la géminée écrite indiquer rien d'autre que cette conséquence, qu'il faut prononcer /ε/, la prononciation avec géminée /sãdεll./ n'étant ici qu'une fiction opératoire; ce qui nous intéresse ici est que l'écriture signale une alternance vocalique par une addition de segment[7]. Faut-il souligner, à ce propos, que l'écriture ne connaît ni voyelle, ni consonne, ni syllabe : les lettres se tiennent toutes seules et ont chacune dans l'écriture l'autonomie que possède une syllabe dans la parole ; d'où le besoin, pour l'épellation orale des consonnes, de signes contenant des voyelles comme /be/, /εf/, /iks/ là où l'alphabet écrit se contente de "b", "f", "x" . C'est encore l'addition de la lettre "h" qui dans un mot comme "ébahi" signale que la suite "a, i" correspond à deux voyelles orales, et ne forme pas un digramme . Cette fonction démarcative n'étant pas tolérable dans un mot comme "aigu" au féminin "aigue", on recourt à une caractérisation de lettre, le tréma "diacritique" qui dans "aiguë" oblige à interpréter le "u" comme une notation de voyelle orale, et non comme un élément de digramme "gu" pour /g/ ; cette fonction du "u" est elle-même la substitution d'une addition de lettre à un changement de lettre . La systématisation du successif dans l'écriture opère à bien d'autres niveaux . La multiplication des voyelles dans "aaaaaah!" rend par le discret une variation qui dans l'oral est de nature continue . Pour rendre un mot dit dans un soupir, l'écriture ne peut que recourir à la succession d'une interjection et du mot: "Ah! Seigneur", gémit-on dans Racine; et on appelle: "O toi!" .

II.A <u>Phonèmes ambisyllabiques</u> : Delattre (1944), étudiant la position de la limite syllabique dans des mots comme "patrie", "budget", "captif", "parti", etc. conclut que la syllabation phonétique française répond à des tendances plutôt qu'à des règles absolues, et formule, pour la localisation de la limite syllabique entre deux voyelles séparées par deux consonnes, la tendance suivante: la coupe syllabique se trouve dans le cours de la première consonne, tendant vers le début de cette première dans la mesure où la transition est ouvrante, et vers la fin de cette première dans la mesure où la transition est fermante . Selon lui, la coupe ne se produit normalement entre deux sons consécutifs que dans la séquence voyelle consonne . Ainsi dans les mots cités les phonèmes /t/, /d/, /p/, /r/, seraient normalement réalisés d'une manière ambisyllabique, la limite syllabique pouvant intervenir non pas simplement "au milieu" de chacun d'eux, mais en diverses positions, plus ou moins près du début ou de la fin . Pulgram (1970) donne de nombreux exemples de phonèmes réalisés d'une manière ambisyllabique, la limite syllabique pouvant, selon lui, être signalée par un changement phonétique affectant le phonème en cours de réalisation; ainsi dans "filling" la réalisation, ambisyllabique, du /l/ commencerait par un allophone /l/ et s'achèverait par un allophone /l/ ; Pulgram souligne (p.48) qu'en un tel cas la consonne n'est pas dissoute en une séquence de deux éléments, mais que l'aspect phonétique évolue pendant le cours de l'articulation de l'un à l'autre état ; cela semble impliquer que la position de la limite syllabique puisse ne pas être très exactement déterminée . Smalley (1968, p.154) affirme qu'il n'est pas toujours possible de déterminer une frontière de syllabe exacte . Ces observations, si elles sont phonologiquement pertinentes, posent un problème évident pour la représentation formelle de la syllabation .

Dans ce cas en effet, les syllabes ne peuvent être adéquatement représentées par des limites de syllabes précisément insérées entre les phonèmes . Il n'est pas suffisant, non plus, de "superposer" en quelque sorte (ou par le biais de quelque trait ad hoc) phonème et limite syllabique dans les cas où celle-ci se situerait à l'intérieur de celui-là, puisque cela ne suffirait pas à rendre compte de ce que la limite peut, dans la réalisation du phonème, occuper des positions différentes, qui sont vraisemblablement de l'ordre du continu . Les phonologues qui comme Kahn (1976) prétendent formaliser les cas d'ambisyllabicité ne prennent pas en considération ces variations continues . Ainsi Anderson & Jones (1974) représentent l'ambisyllabicité du /n/ de "pony" en anglais par un parenthésage syllabique chevauchant du type

$$(\text{ po } (\text{ n }) \text{ i })$$
$$\quad 1 \qquad 2 \quad 1 \quad \mathbf{2}$$

Une telle représentation "formalise", si on veut, l'idée que /n/ appartient à deux syllabes; mais elle ne "formalise" pas l'idée que le début et la fin de la réalisation de cette consonne peuvent avoir une appartenance syllabique différente, ni l'idée que cette division intérieure au phonème ne se situe pas forcément toujours "juste au milieu" . Le parenthésage chevauchant formalise, en fait, une astuce conceptuelle destinée à sauver la linéarité des représentations : puisque le phonème /n/ appartient (pour partie) à une syllabe et (pour partie) à une autre, faisons comme s'il appartenait à l'une et à l'autre (totalement, dans les deux cas) ; ainsi est évacué le flou de la position d'une frontière syllabique interne à un phonème, remplacée par deux frontières syllabiques sagement insérées dans la suite des symboles . Kahn (p.36 sv.) propose pour ce problème la notation suivante

Cette notation, qui n'est pas linéaire, a l'avantage intuitif ne représenter les syllabes par la co-appartenance des phonèmes qui les composent, plutôt que par l'existence de frontières . Cependant elle est pratiquement équivalen-te à une procédure linéaire de notation, qui conviendrait à indicer chaque phonème par un entier de la manière suivante :

$$\begin{array}{cccc} p & o & n & i \\ 1 & 1 & 1 & 2 \\ & & 2 & \end{array}$$

l'ambisyllabicité du /n/ étant ici rendue par le fait qu'il possèderait simul-tanément deux indices dont l'un l'associerait à ce qui le précède et l'autre à ce qui le suit . Cette notation linéaire est à son tour convertible dans celle d'Anderson et Jones si on fait correspondre à toute suite maximale de phonèmes porteurs d'un même indice une parenthèse ouvrante indicée devant le premier et une fermante de même indice après le dernier . En effet chaque ty-pe de représentation doit être évidemment précisé de telle manière qu'il cer-ne à peu près la classe des découpages syllabiques qu'on veut admettre ; ain-si comme le note Kahn (p.36) qui croit par là déconsidérer leur notation, les parenthèses d'Anderson & Jones doivent être réglées, bien évidemment, de telle manière qu'elles ne puissent en aucun cas former des structures comme

$$\begin{array}{ccccc} p &)(& on &)(& i \\ & 2_1 & & 1\,2 & \end{array}$$

Et de son côté Kahn doit spécifier que des structures emboîtées ou chevauchan-tes comme celles de :

sont exclues . Les débats scholastiques consistant à comparer les mérites de ces notations ne peuvent rien révéler sur la nature de la syllabation . Ce qui nous intéresse ici est d'observer que ni l'une ni l'autre des deux nota-tions citées ne reflète directement le fait que deux syllabes successives peuvent se disputer un phonème commun, mais non une suite de plusieurs pho-nèmes qui seraient également ambisyllabiques; il faut d'une manière ou d'une autre exclure la possibilité de découpages du type :

$$\begin{array}{ccccc} (& p & (& on &) & i &) \\ 1 & & 2 & & 1 & & 2 \end{array}$$

(quels que soient les phonèmes considérés); la raison de cette déficience n'est pas accidentelle : elle tient à ce que les deux notations de la sylla-bation sont linéaires, ou équivalentes à une notation linéaire, et refusent en fait d'intégrer le fait qu'une division syllabique peut advenir à l'inté-rieur d'un phonème; c'est précisément, on l'a vu, justement pour éviter cette difficulté qu'elles substituent au concept de "limite syllabique intérieure à un phonème" celui de "phonème appartenant à deux syllabes", qui n'est pas tout à fait équivalent .

Cette déficience vaut évidemment a fortiori pour une notation de la sylla-bation par des "frontières de syllabes" toutes identiques, non indicées, sans distinction de frontière initiale et de frontière terminale, telle que celle que j'utilise ici avec le signe | , notation traditionnelle . En effet une telle notation ne prétend même pas à permettre de représenter l'ambisyllabi-cité, et elle appartient au domaine de la plus simpliste réduction de la syllabation en unités discrètes alignées parmi la série des phonèmes[9].

Je ne prétends pas du tout avoir montré ici qu'il fallait précisément formaliser dans la phonologie l'idée que des phonèmes pouvaient chevaucher des limites de syllabes ; mais peut-être ai-je fait voir que ceux qui cherchaient à le faire formalisaient volontiers une idée assez différente, celle que des phonèmes peuvent appartenir (tout entiers) à deux syllabes différentes, non pas parce qu'ils la distinguaient et la tenaient pour plus exacte, mais, tout simplement, parce qu'elle n'arrachait pas la phonologie au règne des représentations d'éléments discrets en rangs d'oignons .

On peut soupçonner qu'il y a, du moins sur le plan phonétique, effectivement des cas où une réalisation de phonème paraît rattachable à deux syllabes contiguës sans cependant pouvoir être divisée en deux parties d'appartenance syllabique complémentaire . Imaginons d'abord des réalisations isolées (entre pauses) d'expressions comme "je crois pas" /žkrwapa/, "je sais pas" /žsepa/ ou /šsepa/ (à l'exclusion de /šepa/), "fixe" /fiks/, "ce connard" /skɔnar/ ; il nous est facile d'imaginer des syllabations banales pour ces expressions du type /ž|krwa|pa/ ou /ž|škrwa|pa/ (approximativement), /ž|se|pa/ ou /š|se|pa/, /fi|ks/, /s|kɔ|nar/, par exemple, particulièrement faciles à réaliser et sentir en voix chuchotée (sans intonation très marquée) . L'impression de pouvoir syllaber à peu près ainsi ces suites correspond à l'impression que les continues comme /š/, /s/, /ž/, peuvent se prononcer sans le "secours" d'aucune voyelle et constituer un geste vocal autonome - ce qui correspond à l'idée traditionnelle de la syllabation . Dans la syllabation de type /fi|ks/, c'est même la continue /s/ qui sert de support syllabique à l'occlusive /k/ . Cette capacité à servir de support syllabique est en fait très limitée pour de tels phonèmes; par exemple le mot "valse", aisément syllabable comme /val|s/ devant pause (approximativement), n'admet guère, semble-t-il, de syllabation du type /va|ls/, peut-être pour des raisons phonétiques liées à l'aperture relative des phonèmes . Mais un autre ordre de raison doit intervenir pour expliquer que des prononciations telles que /s-|kɔ|nar/ ("ce connard", /ž-|se|pa/, etc. sont exclues alors qu'une pause est admise dans /sə-|kɔ|nar/, /žə-|se|pa/, avec utilisation du droit d'e : la règle de contiguïté des proclitiques consonantiques s'applique même à ceux qui sont phonétiquement composés d'une consonne réalisée d'une manière autonome, c'est-à-dire en fait syllabique . Des contraintes de ce genre semblent indiquer que la capacité syllabique des phonèmes de ce type n'est pas "officiellement" reconnue dans la langue, au niveau phonologique; et elle ne l'est pas, a fortiori, au niveau morphologique: ainsi aucun mot français (sauf en forme jonctive, naturellement) ne peut consister en une forme du type /ž/ ou /s/ sans voyelle ou e muet . Cependant la possibilité au niveau morphologique de formes comme "statue" /statü/ ou "strident" /stridã/ semble un indice de ce que la relative autonomie syllabique du /s/ est tout de même exploitée; elle doit l'être quand ces mots sont prononcés, par exemple, après une pause; mais ce phénomène est en quelque sorte clandestin, la syllabation "scandée" normale de tels mots étant du type /stri|dã/ et non /s|tri|dã/ (deux, et non trois syllabes en versification) .

Compte tenu de ce décalage entre les possibilités phonétiques et les normes systématiques de la langue, on peut se demander quelle "est" la syllabation d'une suite comme "fixe-caleçon" prononcée /fikskalsɔ̃/ . En effet la syllabation /fi|ks|kal|sɔ̃/ phonétiquement possible de cette suite doit-elle être reconnue comme telle dans l'analyse phonologique ? Ou faut-il considérer que le /s/ a une appartenance syllabique en quelque sorte ambiguë ?

dans ce dernier cas peut-on déterminer précisément la position de la (ou des)
limites syllabiques concernée en la localisant linéairement en un point de la
chaîne des phonèmes ? Il me semble qu'une "formalisation" de la syllabation
qui ne pose pas ces problèmes (présentés d'une manière simpliste même ici),
ou qui les esquive, si elle peut être complètement "linéaire", le sera à
peu de frais .

II.B Le "phonème" introuvable de la disjonctivité : une illustration
particulièrement éclairante de l'acharnement des grammairiens à expliquer par
des segments non-observés les propriétés de combinaison des segments obser-
vables pourrait être fournie, je crois, par l'étude de l'histoire des théories de l' "h aspirée" en français . Les propriétés des mots "à h aspirée"
sont plus compliquées à décrire qu'il ne paraît d'abord, mais qu'il nous
suffise ici d'admettre avec la majorité des grammairiens traditionnels que,
pour l'essentiel, elles tiennent dans la disjonctivité de ces mots, c'est-
à-dire leur traitement exceptionnel à l'égard de la liaison et de l'élision:
en gros, on appelle "mot à h aspirée" un mot que sa structure phonologique
évidente prédispose à entrer en liaison-élision, en contexte adéquat, et que
le mot qui le précède, et qui cependant exclut ce phénomène; ainsi de "héros" /hero/ qui, commençant tout comme "héroïne" ou "épi" par une voyelle,
refuse l'élision (✳"l'héros" /lero/) et la liaison ("grand héros"✳/grãtero/)
dans le bon usage .

    Il est déjà curieux de constater que cette propriété exceptionnelle
à l'égard de la jonction (liaison ou élision) soit traditionnellement exprimée par l'idée tout à fait distincte que ces mots "ont une h aspirée"; cette
curieuse formulation substitue à une propriété combinatoire une propriété
individuelle et plus précisément la possession d'une lettre-phonème ! elle
n'exprime donc évidemment pas le fait que dans "grand héros", ce qui est exceptionnel, c'est que le phonème de liaison /t/ du mot "grand" n'est pas réalisé ou présent; au lieu de cette observation directe (non-liaison) elle
substitue l'observation (?) que "héros" a "une h aspirée"[10]. Or cette dernière propriété est encore curieusement énoncée à bien des égards: ce n'est
ni une propriété phonologique, puisque "h" désigne une lettre, ni une propriété graphique, puisque "aspirée" désigne une propriété phonologique .
Le concept utilisé est donc un concept bâtard de décodage de l'écriture
en phonologie, il exprime l'idée que la lettre "h" du mot disjonctif n'est
pas "muette", c'est-à-dire sans répondant phonétique, mais "aspirée", c'est-
à-dire correspond à une aspiration sur le plan phonique . Il signifie donc
deux choses: d'une part, il présuppose que la graphie du mot débute par la
lettre "h", d'autre part, il pose que le mot commence dans sa forme phonique
par une aspiration . Et c'est ainsi que la propriété combinatoire de disjonctivité est réduite en une propriété séquentielle "ordinaire", la possession d'un phonème bien ordonné . On pourrait ne voir là qu'un procédé de notation graphique de la disjonctivité; et l'orthographe ajoute en effet des
"h" initiaux à des mots disjonctifs qui n'en ont pas originellement, comme
"hurler" et "hululer" tous deux dérivés du latin "ululare" (sans aspiration),
"uhlan" réécrit "hulan", etc. Seulement ce qui aurait dû rester un procédé de
notation graphique séquentielle de la disjonctivité est devenue une théorie
grammaticale réductionniste .

    En effet, puisque les mots qui n'ont pas de consonne initiale mais sont
disjonctifs, comme "héros", se comportent, en cela, comme les mots qui ont une
consonne initiale, il suffit, pour croire expliquer leur comportement, d'affirmer qu'ils ont une consonne initiale . Cette explication, qui n'a rien de
génial, est toute entière contenue dans la notion même d'"h aspirée" telle

que la livre notre code graphique . Elle se trouve, pour une petite partie[11]
des mots disjonctifs dans la langue actuelle, une justification étymologi-
que ; ainsi Palsgrave, grammairien anglais du seizième siècle, attribue à
notre lettre "h" dans certains mots la même "aspiration" que dans le mot
anglais "hurt"; et il est certain que pour certains mots, l'actuelle disjonctivité est le reste ou le substitut d'une aspiration initiale à cette
époque . Il suffira donc d'affirmer que ce son explicatif et insonore existe assurément dans des mots comme "honte" ou "hangar", puisqu'il y existait
il y a plus de cinq cents ans . Tout ce qu'on pourrait reprocher à ce type
d'explication serait d'ériger le "comme si" en description réelle, si, en
fait, le "comme si" n'était lui-même qu'une approximation; en effet le fait
évoqué plus haut que l'e muet de "le" ne peut s'économiser dans "le hasard",
"le héros", "le hangar", "de honte", alors qu'on peut le faire dans "l∉ bazar" (dans "dans l∉ bazar"), "poids d∉ fonte", etc. devant consonne, montre
clairement que les propriétés des mots de ce type ne sont pas simplement ex-
plicables par l'hypothèse d'une consonne initiale même inaudible .

Les diverses terminologies grammaticales offrent une diversité d'appel-
lations honorables pour ce son qui ne s'entend pas,"consonne zéro" pour Bally (1944, p.164), "abstract segment" en phonologie générative . Comme celle
des fantômes dont existence se prouve à ce que parfois "it shows up", il apparaît (cet argument usuel en phonologie générative est curieux; car il entraîne comme son égal l'argument contraire, que tous les cas de non "apparition" sont des indices d'inexistence) . Dans cet ordre d'idées on complète
l'argument historique par l'argument dialectologique: "dans la partie Est
de la France ainsi que dans certains types de "prononciation de théâtre", on
entend effectivement un h phonétique comme segment initial de ces mots ; d'autres locuteurs ont un coup de glotte à la même place" (Schane, 1968, p.8, je
traduis) . Selkirk & Vergnaud (1973, p.251, n.1) citant Schane poussent plus
loin ce type d'analyse en écrivant (je traduis): "Un candidat naturel et immédiatement disponible pour jouer le rôle de ce segment abstrait est la spirante vélaire /x/ (cf. Schane, 1968, p.128, n.15). Ce /x/ se réalise phonétiquement en glissante /h/ dans les mots à h aspiré du français parlé en Gascogne,
Saintonge, Bretagne, et surtout Lorraine" (en effet cette analyse ajoute aux
réalisations de surface supposées /h/ et zéro une troisième valeur, celle de
/x/ en structure sous-jacente) . Avant de poursuivre l'étude de ces "manifestations", notons d'emblée que l'argument dialectologique, traditionnel dans
l'étude de ce problème, devrait être considérablement renforcé pour être pertinent . En effet en français même on a observé depuis des siècles que les
mots disjonctifs comprenaient au moins deux classes, celle de mots comme "hache" qui prétendûment admettaient (pour certains) une aspiration initiale, et
celle de mots comme "onze" qui, même disjonctifs, n'en admettaient aucune .
Il n'est donc pas clair que les mots à aspiration initiale censément observés
dans telle ou telle région française correspondent à l'ensemble des mots dits
à h aspirée en français de bon usage . Supposons cependant que ce soit le cas:
encore conviendrait-il de montrer qu'à la réalisation phonétique /h/ près, ils
ont le même comportement phonologique que ceux qui sont discutés ici; et que,
par exemple, ils excluent l'économie d'e dans les expressions du type "le hangar" .

Naturellement on peut proposer d'autres candidats que /x/ ou /h/ comme
formes précises de la consonne "abstraite" ainsi recherchée; pour Dell (1973,
p.256, n.72), "/?/ nous semble un meilleur candidat que le /h/ proposé par
Schane parce qu'il est employé obligatoirement par certains locuteurs et facultativement par d'autres au début des mots à h aspiré précédés par un mot
à finale consonantique: *il hâche* /il?aš/". Ces coups de glotte seraient d'au-

tres manifestations de la consonne qui explique la disjonctivité . Cette recherche des "apparitions" d'une consonne normalement inexistante n'est pas
le propre des phonologues; elle guide jusqu'aux observations des phonéticiens
eux-mêmes; ainsi Malmberg (1972, p.127, n.1), au sujet de /h/, "spirante la-
ryngale, produite dans la glotte même par la friction du courant d'air contre
les cordes vocales à moitié fermées", écrit "on peut l'entendre (c'est moi qui
souligne) avec valeur expressive dans des interjections (*holà!, halte!*) et dans
des mots comme *hurler, haleter, (c'est une) honte!, (je le) hais!*, etc.".

   L'ensemble de ces "manifestations" de l'*h* aspirée postulée pour des
raisons phonologiques me paraît représenter typiquement la projection d'un
mythe phonologique sur l' "observation" phonétique . Freeman (1975, pp.18sv.),
qui dans une analyse richement documentée soutient qu'un segment /ʔ/ est sous-
jacent à l'*h* aspirée, cite lui-même une étude de Malécot (1975) qui montre
clairement que le coup de glotte peut apparaître en de multiples positions
de la chaîne parlée en français, et notamment devant des mots à initiale vocalique, mais jonctifs, comme dans "cet ʔémoussement" (où la forme "cet" atteste la jonction) . De telles observations montrent que le coup de glotte
n'est pas forcément la réalisation d'un "abstract segment" (phonème sous-jacent) en français . Or, pour reprendre l'exemple de Dell - puisque j'appartiens
à la classe des locuteurs les plus restrictifs qu'il évoque à ce sujet - il
est remarquable que la suite "il hache", qui ne peut (pour moi) se réaliser
/ilaš/ (où le soulignement note la contiguïté phonétique), peut en effet se
réaliser /ilʔaš/, mais peut aussi bien se réaliser /ilʔʔaš/, avec un coup de
glotte après la liquide, un arrêt, et un second coup de glotte devant la voyelle, et peut encore se réaliser /il-aš/, avec pause, mais sans aucun coup de
glotte . Si on tenait à parler de "manifestation d'h aspirée", il faudrait,
ici, parler de la collection des manifestations /ʔ/, /ʔʔ/ et /-/, au moins,
pour être cohérent ; mais cette collection jette un doute sérieux sur l'idée
de manifestation d'un phonème abstrait . Ce doute se confirme dès qu'on observe, pour les mêmes locuteurs, les réalisations possibles de la suite "elle
hache"; car si les réalisations du type /ɛlaš/ (avec économie de l'e du pronom) sont contraintes comme celle de /ilaš/, les réalisations avec utilisation
d'e du type /ɛləaš/ sont entièrement "libres", puisqu'on admet /ɛləaš/ . Devant cet ensemble de faits, il est clair que l'idée qu'un coup de glotte puisse manifester arbitrairement une consonne sous-jacente ne fait aucun sens; ce
qui fait sens, intuitivement, c'est l'idée que le mot "hache" (pour certains
locuteurs) ne peut se prononcer contigument après une consonne, et doit, par
conséquent, initier une syllabe . C'est donc la volonté délibérée d'expliquer
la disjonctivité de certains mots par l'hypothèse d'une consonne initiale
qui fait isoler arbitrairement la classe des réalisations de ces mots qui
commencent par un coup de glotte. Hors de cette volonté ou de ce besoin d'expliquer (dans le cadre d'une phonologie séquentielle), les données phonétiques s'organiseraient autrement .

   Il n'en va pas autrement pour les prétendus cas où une aspiration, en
français, réaliserait une "consonne" généralement "muette" . La "spirante la-
ryngale" que le phonéticien Malmberg "peut entendre" avec une "valeur expressive" dans *holà!* ou dans des mots comme *honte* ou *hurler*, c'est le même h aspiré que certains acteurs de la Comédie Française s'évertuent à insérer (avec
passion) dans le *Je te hais* de la tragédie classique , parce que dans ce cas,
d'une manière amusante, l'idéologie grammaticale[12] interfère avec la tradition
d'expressivité vocale et la volonté de restituer le vieux parlé versifié .
Mais, si on oublie le poids de cette tradition de diction académique, on observe qu'autant que le coup de glotte, une certaine aspiration peut modifier
l'initiale de mots à initiale vocalique, mais jonctifs; ainsi au "je te HHais"

des comédiens officiels fait pendant le "*Présentez...HHHarmes!*" de l'Armée
Française . Dans ces deux cas, c'est forcer la description "phonétique" que
de diagnostiquer la présence d'un "segment" linéaire ("une spirante laryn-
gale", inséré devant le mot *hais* ou *armes* ; en effet ce prétendu segment est
inséparable, semble-t-il, d'un ensemble de propriétés prosodiques (accentuel-
les / intonationnelles) du mot où on le signale: celui-ci, par exemple, ne
peut être prononcé sans emphase et d'un ton détaché, si on y met l' "aspiration" . Il y a donc lieu de soupçonner que ce "segment spirant" pourrait n'ê-
tre, en fait, qu'un mode d'attaque de la prononciation du mot, qu'on quali-
fierait donc tout aussi bien "attaque brutale avec aspiration sur la voyelle
initiale" que d' "insertion d'une aspiration avant la voyelle initiale" . Il
faudrait donc établir, pour y voir un "segment", que l'aspiration présumée
n'est pas seulement une manière de prononcer la voyelle initiale, donc le
début du mot ou de sa première syllabe . Ce n'est pas tout: supposant cela
fait, il faudrait encore établir que cette aspiration peut être caractérisée
d'une manière tranchée, de telle manière, notamment, qu'elle s'oppose d'une
manière distinctive, et à sa propre absence, et à des manifestations phonétiques voisines mais différentes . Cela non plus n'a jamais été fait . Supposons (contre toute vraisemblance) qu'on l'établisse . Pour montrer que ce
segment phonétique bien caractérisé et dûment observé est, dans les cas mentionnés ci-dessus, une réalisation d'une consonne généralement muette, il
faudrait encore montrer que sa distribution (potentielle) reflète celle de
cette entité abstraite; déjà nous avons vu avec l'exemple du mot "armes" que
ce n'était pas le cas, et on pourrait de même citer toutes les insultes à i-
nitiale vocalique qu'on peut agrémenter d'une attaque à peu près aspirée,
comme "HHHidiot!", "HHHorrible individu" (cf. "l'horrible individu" avec
jonction), etc. Mais on peut encore ajouter à cela que dans une certaine
manière de traiter les gens de "*sales KHHHons*" (sales cons) ou de leur dire
qu'on les "*dHHHéteste*" (déteste), il me semble qu'on peut reconnaître une
certaine manière d'attaquer la première syllabe avec une aspiration, ou plutôt *de* l'aspiration, dont la position dans la chaîne des phonèmes n'est peut-
être pas déterminable comme celle d'un segment ordonné, et dont la nature
n'est peut-être pas radicalement différente de celle du prétendu h aspiré
de *Je te hais* .

Ce n'est pas par hasard que l'orthographe décore de la lettre *h* la plupart de ces productions vocales plus ou moins étrangères au système phonologique qu'on verbalise graphiquement en "ah!", "eh!", "hi!" et autres "ho!".Ces
bruits noblement qualifiés d'interjections n'ont pas toujours, hors de la lecture conventionnelle, la propreté et netteté harmonique des "vrais" mots, for-
més avec de "vraies" voyelles . Si la lettre *h* est devenue quasiment un procédé graphique de signalisation du mot comme "interjection", c'est originellement parce que les cris évoqués se réduisent souvent, dans le cas de ces sortes
de "monosyllabes", à l'attaque violente ou brusque d'un son . Elle ne note pas
la disjonctivité, puisque l'alternance "ah!"/"ha!" (mais ✱ "hah!") ou "oh!"/
"oh!" (mais ✱ "hoh") montre que parfois au moins la lettre *h* peut se placer
à peu près indifféremment avant ou après la lettre-voyelle; au reste il n'y
a guère de sens à signaler, comme le fait toute la tradition lexicographique,
les interjections comme disjonctives (par exemple, en disant qu'elles ont une
h aspirée), puisque la propriété constitutive des inter-jections est justement
d'être inter-jetées dans le discours sans y entrer dans des relations syntagmatiques normales, en sorte qu'elles ne se trouvent pas normalement en contexte de jonction . Le cas le plus classique d'intégration syntagmatique d'une
interjection avec un mot qui la précède est peut-être la suite "mais hélas"
ou justement, pour une fois qu'elle entre en contexte de jonction, l'interjec-

tion provoque aisément la liaison (/mɛzelas/)[13] Ainsi dans le cas des interjections l'*h* graphique note peut-être le caractère aspiré ou rauque etc. de
l'attaque d'un son, mais elle ne note pas un phonème bien ordonné, et il n'y
a donc aucune raison sérieuse d'y voir une manifestation de cette consonne
décidément introuvable qu'on appelle l'*h* aspirée .

La phonétique française est donc encombrée de segments comme /ʔ/ ou /h/
qui n'existent pas, où la phonologie vient chercher ses preuves pour des entités qu'elle invente, mais qui sont justement la projection dans l'observation phonétique de préjugés phonologiques . Ce qui m'intéresse ici est de noter que ces segments bien ordonnés sont inventés à seule fin d'expliquer un
phénomène évident mais qui ne se laisse pas décrire d'emblée en termes de segments, si on veut en donner une description explicative . Cette description
explicative doit se faire en termes de démarcation sur le plan syllabique,
comme l'ont bien vu notamment Ehrhard (1965) ou Damourette & Pichon, et
exprimer en gros que pour un mot comme *hache* dans le parler évoqué ici, on
observe une contrainte de syllabation telle que ce mot ne peut fusionner syllabiquement avec le mot qui le précède . En d'autres termes, le phonème initial de *hache* est initial d'une syllabe; il ne peut appartenir à la même syllabe qu'un phonème antérieur .

Convenablement définies (cf. l'étude de Schane ici-même), des frontières de syllabes représentées par des symboles intercalés dans la chaîne des
phonèmes permettent d'exprimer cette contrainte sur la syllabation du mot,
dès lors qu'on en introduit une dans sa représentation phonologique, en considérant par exemple que la structure phonologique de *hache* est représenta-
ble par /|aš./ . Par ce codage de la syllabation en symbole séquentiel, il
est certain qu'on évite de compléter la structure phonologique du mot par
l'indication d'une contrainte sur la manière dont il peut se syllaber . Mais
il me semble qu'il n'y a là qu'un artifice d'écriture; car ce que la notation
/ |aš./ exprime, c'est apparemment l'idée que le mot même isolé est formé de
quatre entités ordonnées entre elles de la même manière (partes extra partes)
et dont la première "est une limite de syllabe" tout comme /a/ "est une espèce de son" . Or cette suggestion de la notation est assurément fausse; la limite d'une syllabe n'est pas un objet juxtaposé à côté de tel ou tel phonème;
elle est plutôt la propriété qu'a tel phonème (ou partie phonique) d'être li-
mitrophe, d'être un bord . Ainsi il serait maladroit d'opposer "joli hasard"
et "joli ami", /ʒɔli|azar/ et /ʒɔli|ami/ en disant que dans le premier cas
la limite syllabique notée ici appartient au mot "hasard", en fait partie,
alors que dans le second elle n'appartient à aucun mot, est là, extérieure
aux deux mots, introduite, insérée en quelque sorte, par des règles de syllabation . Ce que cette vision des choses, chosifiant les limites, masquerait,
c'est que plutôt qu'il ne possède en aucun cas une "limite de syllabe", le
mot *hache* est soumis à une contrainte sur l'ensemble de ses emplois possibles,
l'interdiction en quelque sorte de fusionner syllabiquement à l'initiale .
Pas plus que l'espace vide, la solitude qui entoure les pestiférés, n'appartient à leur personne comme une propriété intrinsèque, alors qu'il n'appar-
tiendrait pas à la personne des gens sains lorsque ceux-ci sont provisoire-
ment et librement seuls, pas plus l'obligation du mot *hache* d'être démarqué
syllabiquement à l'initiale n'entraîne-t-elle que l'absence de cohésion syllabique supposée placée "avant" ce mot ne lui appartient en chacune de ses
occurrences . La séparation syllabique de deux phonèmes successifs n'est pas
simplement un être inséré entre eux (car après tout deux phonèmes peuvent ê-
tre séparés par un troisième phonème tout en appartenant à la même syllabe);
elle est seulement l'absence de ces relations de coarticulation d'un certain
type qui définissent la syllabe comme l'unité que constituent ensemble

une suite de sons, groupés en un seul geste vocal indécomposable (la difficulté qu'il y a à définir exactement l'existence et la position des limites de
syllabes dans certaines suites phonétiques peut refléter notamment, de ce
point de vue, le fait que deux sons successifs sont plus ou moins groupés et
coarticulés dans la prononciation, plutôt que, suivant une alternative stricte, ou inextricablement groupés, ou radicalement indépendants) . Représenter
la syllabation d'une suite par des symboles de frontières syllabiques qu'on
insère proprement entre les symboles successifs des phonèmes, c'est simplement pallier l'insuffisance de leur représentation successive en "lettres"
qui, contrairement aux sons qui se groupent entre eux, sont autant de taches
indépendantes et autonomes sur la page; c'est substituer à l'idée que certains sons sont (peut-être d'ailleurs plus ou moins) groupés l'idée que certains sont radicalement disjoints; c'est donc substituer au positif et au
graduel le négatif absolu, sans degré . C'est pallier une insuffisance du
symbolisme séquentiel par une extension un peu abusive de ce symbolisme-mê-
me .
   En fait cette sorte d'usurpation du formalisme séquentiel ne remplit pas
exactement le rôle qu'on veut lui faire jouer . Car supposons qu'on attribue
au disjonctif "hache" la représentation /|aš/ pour décrire le fait que ce mot
commencerait toujours par un commencement de syllabe . Cette représentation
étant censée, dans une description générative transformationnelle, expliquer
l'application ou la non-application de certaines opérations devant ce mot
(chute de certaines consonnes ou non-chute de certaines voyelles, ou nasali-
sation, par exemple), serait donc postulée au niveau "sous-jacent" ou "abstrait" défini par la place de ces opérations dans la succession ordonnée des
règles phonologiques . Or il s'agit justement de règles capables de supprimer, ou déplacer, voire d'ajouter, des symboles séquentiels . Qu'est-ce qui
nous assure qu'après qu'on lui a fait jouer son rôle dans les phénomènes de
jonction (décrits par des opérations phonologiques), le | initial de "hache"
ne va pas se faire culbuter ou effacer par une nouvelle opération postérieure aux autres dans l'ordre de la dérivation ? Si tel était le cas, alors on
pourrait s'attendre à ce que par exemple dans "cinq haches" /sɛk|aš/, le |
ayant disparu de sa position primitive, on puisse obtenir la prononciation
contiguë /sɛkaš/ avec enchaînement du /k/ sur l'initiale de "hache" . Cette
hypothèse (nullement extraordinaire, en grammaire générative) montre qu'il
n'est pas équivalent de dire qu'en français "hache" initie toujours une syllabe, et de dire que la représentation sous-jacente de "hache" dans un lexi-
que à la mode générative est /|aš/ ; pour rapprocher ces deux descriptions,
il faut compléter la seconde par l'idée que "malgré la banalité de ce genre
de phénomènes, le segment initial de "hache" est intouchable, ou du moins
que s'il a été bousculé ou détruit par une opération en cours de dérivation,
il faut absolument qu'une bonne règle, au dernier moment, juste au point de
"surface", le remette en place"; et pourquoi cette règle de remise en place?
afin, naturellement, de décrire le fait que "hache" initie une syllabe en
français; la contrainte "de surface" qu'on peut croire éviter en recourant à
une représentation séquentielle avec | initial de "hache" dans une grammaire
générative, elle surnage puisque il est essentiel qu'on fasse en sorte que le
symbole séquentiel placé à l'initiale de "hache" soit là au bon moment, au
dernier moment .
   Supposons donc que, non content d'attribuer à "hache" la représentation
phonologique /|aš/, on fasse le nécessaire pour qu'il ait cette bonne forme
en sortant du coupe-gorge des règles phonologiques . Soit à prononcer "cinq
haches" /sɛk|aš/ ; il convient, "en surface", d'interpréter phonétiquement
le symbole séquentiel | , de dire comment il se réalise ; les règles qui fi-

xent cette interprétation peuvent être peuvent être une définition positive
des relations de syllabation, spécifiant notamment que si le /k/ et le /a/
qui le suit sont prononcés contiguëment, ils sont inévitablement coarticulés en sorte que /a/ n'est pas un début de syllabe, donc n'est pas précédé
d'une limite de syllabe; suivant ce point de vue banal et naturel, on ne di-
ra pas exactement que | se réalise par une pause (un arrêt, etc.) entre con-
sonne et voyelle", mais plutôt que la contiguïté est exclue entre consonne et
voyelle si on veut que ces sons ne fusionnent pas syllabiquement . Mais en re-
venir à une description de ce genre, ce serait renoncer au dernier moment (en
"surface") à l'illusion de séquentialité procurée par le symbole | , et recon-
naître en quelque sorte son caractère fictif, son statut d'écriture truquée.
Veut-on jusque en surface conserver au symbole | son allure positive et sé-
quentielle de quasi-phonème ? Alors il faut dire qu'entre consonne et voyelle il se réalise par une pause; du moins c'est ce qu'on aimerait pouvoir se
contenter de dire; mais rappelons combien cette description serait insuffi-
sante; elle n'indiquerait pas que tout son non-consonantique intervenant entre la consonne et la voyelle suffit à empêcher que celle-ci ne soit immédiatement précédée d'une limite syllabique , de sorte qu'en cas d'apparition d'un son intermédiaire d'allure vocalique, elle obligerait encore à insérer une "pause" devenue inutile ; si on voulait dans le même esprit inter-
préter la séquence /ɛl.|aš./ ("elle hache") le problème ne serait que plus
compliqué : ne serait-il pas maladroit d'avoir à dire, par exemple, que dans
la suite consonne + droit d'e + frontière syllabique + voyelle, la frontière
syllabique - ou plutôt l'entité symbolisée par | - se réalise ou par l'utili-
sation du droit d'e, ou par une pause (ou les deux, etc.) ? Et bien entendu,
en admettant qu'on puisse s'approcher d'une bonne description avec des règles
aussi maladroites, encore n'aurait-on pas rendu véritablement l'idée que "le
mot *hache* est syllabiquement disjoint de son contexte antérieur", mais seulement l'idée qu'il y a une frontière de syllabe quelque part entre le /a/ de
hache et le dernier son de *une* quel qu'il soit .
      On devine combien seraient curieuses les propriétés "phonétiques" des |
conçus comme des entités (positives) si on s'ingéniait avec conséquence à ne
pas voir qu'elles notent tant bien que mal l'absence des relations de co-arti-
culation qui constituent la syllabe .   Dans cette perspective il faudrait
explicitement spécifier qu'une réalisation de | ne peut ni précéder et suivre
à la fois une pause, ni être géminée, ni être réalisée par un son, que toujours il en surgit une entre une pause et un son, entre un son et une pause,
etc. etc., précisions absurdes qui seraient le prix du "formalisme" . Je ne
veux pas dire que l'usage explicite de l'idée de "limite de syllabe" et même
d'un symbole séquentiel correspondant constitue une aberration, une erreur,
mais seulement que cette idée et ce symbole ne sauraient être considérés comme autre chose que le revers négatif de l'idée positive de syllabe .

      III . LA SYLLABE AVANT LE PHONEME

      Concevoir la phonologie comme un système de règles décrivant les suites
possibles de phonèmes indépendamment de la syllabation, complété après coup,
ou accessoirement, par des règles spécifiant comment les suites de phonèmes,
déjà constituées, se "syllabifient", c'est concevoir le phonème comme une entité indépendante en principe de la syllabation . Celle-ci ne saurait être
plus qu'un mode d'emballage ou de groupement entre eux d'individus phonétiques déjà constitués et identifiés . Cette vision des choses me semble caractériser l'attitude - bien avant l'apparition de la phonologie "générative" -
des linguistes qui considéraient la syllabation comme marginale (en phonolo-

gie) sous prétexte qu'elle ne jouerait pas un rôle "distinctif" . Les phonèmes seraient un digne objet de la phonologie parce que changer de phonème ,
c'est changer de mot, alors que l'identité d'un mot serait indépendante des
variations de sa syllabation : remplacer /a/ par /o/ dans /as/, c'est changer (par exemple) le mot "as" en le mot "os", alors que prononcer le /s/ de
/as/ implosif dans /assãrwa/ ("as sans roi") ou explosif dans /asakaro/ ("as
à carreau") n'empêche pas d'identifier à chaque fois la même suite phonologique, le même mot /as/ . Il semble bien que dans une langue comme le français,
la syllabation n'est jamais directement distinctive phonologiquement .

         Cette vision des choses est trompeuse . Fascinés par leurs "procédures"
de "commutation", de "substitution", etc. les théoriciens structuralistes, si
diserts sur la manière dont /ba/ s'oppose à /bi/, oublient souvent de préciser
comment /ba/ s'oppose à /bba/, /baa/, ou /bbaa/ , et font comme si la segmentation d'une suite en unités "phonèmes", qu'ils supposent à la base même de
leurs opérations, n'était pas un problème phonologique . Mais le nombre des
phonèmes dans une suite n'est pas moins caractéristique du mot qu'elle forme
que ne l'est l'identité de chacun des phonèmes ainsi dénombrés . A la base de
l'identification des phonèmes est leur dénombrement .

         L'importance du dénombrement apparaît bien si on oppose les productions
phonétiques proprement linguistiques à des productions voisines, voire semblables à certains égards, mais marginales par rapport à la langue . Dans les
cris qu'on transpose graphiquement en mots "ah!", "ho!", "euh!", etc., est-il
toujours pertinent de dire, quand on y reconnaît les sons /a/, /o/ ou /ö/,
qu'il y a *un* ou *deux* ou *trois* /a/, /o/ ou /ö/ ? Ne paraîtrait-il pas absurde de dire qu'il y a un plus grand nombre de /a/ dans un "ah!" prolongé que
dans un "ah!" bref ? De même personne ne songerait à opposer dans un lexique
une interjection "aah!" à l'interjection "ah!" : les textes (spécialement en
bandes dessinées) qui notent des interjections du genre de "aaaahhhh!" notent
par là la longueur, non le nombre; une preuve en est que dans un "ah!" long
noté "aaaaahhh!" ou un "hein" long noté "hhheinnnn??", le nombre des lettres
notant concurremment un seul son peut varier anarchiquement (on peut "multi-
plier"par trois la lettre voyelle et par quatre la lettre consonne qui marque
sa nasalité) . C'est tout autre chose, quand on oppose par exemple "hé! hé!"
à "hé!" : car en ce cas on oppose deux interjections distinctes et séparées
à une seule, et non pas une interjection contenant deux /e/ à une qui n'en
contiendrait qu'un; rien n'indique, dans "hé! hé!", si chaque "hé!" contient
tel ou tel "nombre" de /e/, ni même quelle longueur est affectée à ce son .
Dans un "ah!", un "hé!" ou un "euh!" il n'y a pas plusieurs ou même *un* /a/,
/e/ ou /ö/ ; il y a *du* /a/, *du* /e/ ou *du* /ö/, en supposant qu'on puisse décrire ainsi l'aspect du son s'il est constant .

         Divers aspects de la parole peuvent contribuer à faciliter le dénombre-
ment des phonèmes, quand ceux-ci ne présentent pas une particularité de variation dans le temps qui permette de les identifier directement; ainsi la longueur relative des sons, et les variations d'intensité et d'intonation qui les
affectent . Mais il devrait être évident qu'indépendamment même de bien des
fluctuations possibles de la prononciation, ce qu'on appelle règles de la syllabation joue un rôle constant et considérable dans la segmentation et le dénombrement . Par exemple le fait que normalement deux consonnes successives
identiques ne puissent appartenir à la même syllabe, joint au fait que toute
syllabe doit contenir une voyelle attitrée, a pour conséquence que quand dans
une suite phonétique il y a quelque part du /s/ (en français), quelle que
soit la longueur relative de sa prononciation, il ne saurait s'analyser en
cinquante (pourquoi pas, sinon?), ou dix, ou même seulement trois unités de

type consonantique (consonnes /s/); mais bien, au maximum, en exactement un
ou deux /s/ . On ne peut objecter à cela que cette restriction à "deux au
plus" ne soit simplement un effet de la morphologie française; d'abord parce
qu'il faudrait montrer alors que l'absence de mot contenant trois consonnes
/s/ successives, ou deux à son début ou à sa fin, n'est pas justement un effet des nécessités de la syllabation (tout mot doit être conforme au système syllabique pour survivre); ensuite parce que dans certains cas, en français, une suite de trois consonnes identiques devrait être au moins concevable; ainsi dans "Tous se sauvent", "six ce soir", il devrait être facile de
prononcer sans e muet /tusssov/, /sisswar/ ; mais ces prononciations ne sont
pas seulement difficiles, pénibles (comme le sont certains groupes de consonnes trop tassées), elles paraissent radicalement extérieures au système .

De même que deux consonnes successives identiques ne peuvent appartenir
à la même syllabe, de même pour deux voyelles successives identiques; mais
dans ce cas l'exclusion est explicable de toutes manières par le fait que
deux voyelles quelconques ne peuvent appartenir à la même syllabe en français;
joint au fait qu'une syllabe ne peut contenir une pause, ou plus généralement,
qu'une syllabe doit être prononcée d'un seul jet, d'un seul geste, ceci   a
pour conséquence que là où par exemple "il y a du /a/", si cette suite est
coupée par une pause, ou si, plus généralement, elle est nettement prononcée
en au moins deux gestes articulatoires, elle contient au moins deux unités de
son /a/, au moins deux phonèmes . Pour compter (au moins) deux /e/ dans une
suite présentant du /k/, puis du /r/, puis du /e/, et ainsi opposer par exemple "créer" à "crée", il suffit donc (entre autres procédés) de distinguer nettement deux actes de prononciation dans la suite vocalique, de bien "scander".
Pour cette raison non exclusivement, une prononciation bien scandée, détachée,
contribue considérablement au dénombrement phonémique . Syllaber, c'est compter les phonèmes . Il est tentant de croire que syllaber, c'est grouper d'une
certaine manière des phonèmes déjà comptés - c'est vrai, en un sens . Mais ce
point de vue naïf ne doit pas empêcher de voir que le dénombrement des phonèmes est largement déterminé par les règles de syllabation . A cet égard la
syllabation n'est pas en marge de la phonologie; elle est en plein dedans .
Et les descriptions phonologiques qui insèrent des symboles de frontières syllabiques, ou même de coappartenance syllabique, dans des suites de "phonèmes"
indépendamment quantifiées ne devraient pas faire perdre de vue que la quantification des sons en phonèmes est l'objet, en partie, de la syllabation .

Pulgram me paraît passer très près de ce problème lorsqu'il écrit
(1970, p.87, je traduis (en transposant la notation)) :

> "A cause de la formation de cursus, et du fait que le français ne
> distingue pas des voyelles courtes et longues phonémiquement, la
> phrase *Papa a à aller à Arles* doit être syllabifiée et transcrite
> phonologiquement /pa|pa||le|arl/ . Pour rendre ceci intelligible,
> le parleur doit quadrupler la durée phonétique du second /a/ de ma-
> nière à indiquer la présence de quatre *a* lexicaux, pour ainsi dire,
> et il peut aussi fort bien choisir de donner à sa voix une intona-
> tion ondulée, puis faire la même chose en doublant le troisième /a/.
> Après quoi, sinon étranger au français, tout cela sonnera maladroit
> et gauche (...) un locuteur même modérément soigneux éviterait pu-
> rement et simplement cette phrase"

Cette curieuse et intéressante analyse phonologique illustre bien la pertinen-
ce des liens entre syllabation et quantification phonémique . Le parti pris i-
ci par Pulgram répond au fait que pour lui "la définition de la syllabe, en
toute langue, est en fait une assertion concernant les frontières syllabiques

exclusivement"(p.23) et au fait qu'il recherche des marques positives de ces frontières . On rapprochera ces positions de ce contraste affirmé d'emblée (p.21) entre phonème et syllabe:

"Contrairement au phonème (...) la syllabe, bien qu'étant elle aussi u-ne figura, ne se définit pas par une taille fonctionnelle prédictible (...) Elle n'a pas de fonction, pas de *raison d'être*, sinon celle de la segmentation syllabique de l'énoncé . Elle ne sert à rien d'autre qu'el-le-même, pour ainsi dire; elle ne sert pas, immédiatement comme un signe ou médiatement comme une figura, le but de communication de la langue. Et en cela la syllabe diffère radicalement des autres unités linguisti-ques, qu'ils soient des figurae ou des signes. (Peut-être que cette "i-nutilité" de premier abord (...) a contribué à pousser des linguistes à la rejeter)".

C'est un fait que dans une prononciation à débit continu et intonation et in-tensité uniformes, la syllabation peut ne pas suffire à quantifier les phonè-mes; cela ne veut pas dire qu'il n'y ait pas syllabation interne au quadruple /a/ dans l'exemple de Pulgram, mais que l'analyse syllabique de cette suite peut être indéterminée, celle-ci étant syllabiquement ambiguë (c'est de l'am-biguïté de quantification que Pulgram prétend passer à une absence de quanti-fication (qui n'est en fait qu'une quantification par le nombre 1, faute des précautions nécessaires)) .

III.A Dénombrement des phonèmes ou trait de phonème ? Voyons sur un problème précis comment l'analyse peut osciller entre un traitement qualita-tif et un traitement arithmétique d'un phénomène . Citons d'abord Grevisse (1975, §95-96, pp.56-57) décrivant l' *"accent d'insistance (ou emphatique, ou affectif)"* :

"il porte essentiellement sur une consonne, dont l'allongement express-if (ou proprement : la gémination) entraîne l'intensité de la voyelle qui suit."

Comme exemples Grevisse cite: *Ah! le [m]MIsérable!, Tu es a[d]DOrable* . Comme Martinet parmi d'autres, Grevisse qui a d'abord évoqué l'accent d'insistance comme affectant "une syllabe" le décrit ensuite plus précisément comme affec-tant spécifiquement des phonèmes (la contagion gagnant la voyelle après la consonne frappée individuellement) . Mais ce qu'on notera ici est qu'il ca-ractérise l'aspect de la consonne ("une consonne") d'abord comme un "allonge-ment", puis plus "proprement" - donc en rejetant cette première caractérisa-tion - comme une "gémination" ; il corrige l'analyse qualitative par la quan-titative (au sens de: dénombrante), puisque la notion de "géminé" implique celle de dualité (géminer, c'est redoubler un être) . En note à cette recti-fication, et comme pour la justifier, Grevisse cite ces exemples :

"On nous disait que ces Allemands c'était des assassins, des brigands, de vrais bandits, des bbboches ... (si elle mettait plusieurs b à bo-ches, c'est que (...))" (M. Proust, *Le temps retrouvé*, t.I, p.205). - "Comme tu dois rire de voir le "grrrrand auteur" de la "grrrrrrrande Comédie humaine" se passionner ..." (H. de Balzac, *Lett. à l'Etrangère*, t.IV, p.178).

Il est plaisant de voir citer ces exemples graphiques comme exemples de "gémi-nation" d' "une consonne", car enfin, s'il faut compter, il faut compter trois lettres-consonnes "b" dans la phrase de Proust à "bbboches" pour "boches", quatre lettres-consonnes "r" dans "grrrrand", et sept dans "grrrrrrrandes" de Balzac ; mais il est clair qu'il n'importe pas qu'un lecteur les dénombre aus-

58

si exactement; il suffit qu'il voie qu'ils sont en assez, ou très grand nombre; il est clair, aussi, qu'en graphie ce nombre ne contraste pas avec un
allongement, puisqu'il n'existe pas de procédé graphique standard d'allongement . La multiplication plus ou moins forte des lettres suggère (transpose)
un renforcement ou allongement en intensité ou durée du son correspondant
dans la voix . C'est déjà une schématisation graphique, que de rendre l'insistance comme si elle affectait seulement une consonne, et de la rendre par
la multiplication; c'est outrer cette schématisation que d'en faire un redoublement de phonème[14].

Dans cet exemple, Grevisse affectait de corriger la notion d'allongement par celle de gémination . Citons maintenant, en contraste, ce passage
de Fouché (1945, pp.156-159) compte-rendutant l'ouvrage de Malmberg *Le système consonantique du français* :

"P. 52 . - Il n'est pas exact qu'on ait un *r* géminé dans *mour-
rais, courrais, acquerrais*, etc. On a simplement un *r* long".

Rectification inverse donc, cette fois aux dépens de Malmberg : Fouché corrige la notion numérique de gémination par celle d'allongement, de longueur,
suivant un point de vue analogue à celui de Pulgram assurant que *Papa a à al-
ler à Arles* "doit" se syllabifier /pa|pa|le|arl/ . Si intimidante que puis-
se être leur assurance, on ne peut manquer de se dire que dans ces cas - contrairement à ceux que citait Grevisse - il existe vraiment un dénombrement
phonologiquement essentiel : à quelque niveau de l'analyse il faut bien dire
qu'il y a deux *r* ici, quatre *a* là .

Mais les points de vue numérique et qualitatif ne s'opposent pas, ils
se complètent . Maintenir strictement que dans *courrais* il n'y a pas deux *r*,
mais un seul *r* long, contre une évidence naïve et juste, c'est parler d'un
morceau phonétique censément déjà dénombré , et lui attribuer une sorte de
trait qu'aucun phonème ordinaire ne possède en français . Et dans l'exemple
de Pulgram, faudra-t-il parler (si on nous interdit de reconnaître "quatre
a" ou un *a* quadruplé) d'un *a* très allongé, d'extrême longueur, et pour être
plus précis, d'un *a* d'une longueur de degré 4 ? Si deux phonèmes peuvent se
jumeler (se co-prononcer) en un seul être géminé, la longueur de cet être
double pourrait être ce qui indique sa dualité phonémique ; il faut distinguer, et reconnaître simultanément dans leur complémentarité, d'une part la
longueur (supposée) et l'être phonétique qu'elle affecte, d'autre part le
nombre, et les phonèmes qu'il caractérise .

A vrai dire l'idée, dans tous ces cas, d'un trait de "longueur" méri-
terait d'être examinée d'un peu plus près, ne serait-ce que parce qu'il serait trompeur de décrire sous une seule et même étiquette la "longueur" du
r de "grrrrrrrande" dans l'exemple de Balzac et celle du *r* unique selon Fouché dans "courrais"; ou de confondre ces "longueurs" avec celle de l'unique
a reconnu par Pulgram dans "Papa a à aller à Arles", ni avec celle d'un *a*
long dans une langue où il s'opposerait comme phonème unique à un autre phonème correspondant bref . Les traits pertinents ont bon dos quand on s'en
sert pour ne pas apercevoir un problème de dénombrement ou de syllabation !
Dans le cas de "grrrrande", d' "épppouvantable", etc. il faut reconnaître
que la longueur, si longueur il y a, n'est pas une grandeur discrète, mais
admet des degrés; qu'elle n'affecte pas forcément un seul phonème bien iden-
tifié; qu'elle est absolument inséparable de l'intensité avec laquelle est
prononcé un morceau de la chaîne phonétique; on peut la soupçonner de n'être
qu'un sous-produit de cette intensité, de ce renforcement ou de cette emphase . Si on reconnaît clairement cela, on n'est guère tenté de déguiser cette

forme d'expression de l'insistance (qui n'est pas, dans ses aspects les plus généraux, un procédé strictement linguistique et phonologique) sous le costume étriqué, banal et "formel" d'un trait affectant un phonème .

Bien différent est le cas de "courrais" où assurément il y a un phénomène phonologique affectant un ou plusieurs phonèmes déterminés . Appelons R cet être singulier auquel Fouché nous oblige à assigner un trait de "longueur". Est-ce bien de longueur qu'il s'agit exactement ? ou ne faut-il pas envisager l'hypothèse suivant laquelle la caractéristique de cet R par opposition à un ʀ ordinaire comme celui de "courais", "rue" ou "air" est de devoir présenter une phase syllabiquement implosive et une phase syllabiquement explosive, la longueur de ces phases et de leur somme n'étant, si elle est réellement obligatoire, qu'un sous-produit de la nécessité de les distinguer ? Il faudrait liquider ce problème (ou tel ou tel problème analogue, formulé comme on voudra) avant de parler si catégoriquement de "longueur" dans "courrais" . Je ne sache pas que Fouché l'ait fait . Le problème apparaîtra plus clairement avec un autre phonème: prenons le double /s/ de /dissɛt/ dans une prononciation de "dix-sept" avec géminée, appelons comme un être unique doué (censément) de longueur : S . Est-ce que ce S a pour caractéristique la longueur au sens où /d/ a la sonorité ? Il me semble qu'on peut allonger presque à volonté la prononciation de "six", et notamment de son /s/ final, devant une pause, ou une consonne, ou même un /s/ . Dans ces conditions il est suspect de parler sans précaution du S "long" ou du R "long" de "dix-sept" ou de "courrais" . Autre raison de douter : n'est-ce pas, en apparence, le même R et le même S longs qu'on peut entendre dans une prononciation bien tassée de "air roulé" ou "Six sont venus" ? Or dans ces cas, entre la prononciation bien tassée avec un S ou un R bien compact, et les prononciations nettement segmentées avec pause /ɛr-rule/, /sis-sɔ̃vnü/ , n'y a-t-il pas une continuité des prononciations ? Pour parler avec sens d'un R long, d'un S long, il faudrait les opposer d'une manière tranchée aux suites de deux ʀ ou ʂ courts ; il paraît évident que ce serait faire violence aux faits pour sauver une apparence de trait . La dualité phonémique du R et du S apparaît clairement quand on rétablit la parenté de ces entités avec des successions binaires de phonèmes progressivement rapprochés et co-articulés . Inversement peut-on dissocier le R de "courrais" en deux éléments phonèmes ? Plus précisément peut-on, dans des degrés variables, dans des prononciations plus ou moins nettement scandées, distinguer deux articulations distinctes, jusqu'à prononcer /kur-rɛ/ ? Si oui, cela tend à confirmer que le R long est le cas limite de co-prononciation de deux unités, plutôt qu'un authentique "trait" discret; si non, cela pourrait être dû à une tendance plus générale à ne pas rompre l'unité de prononciation de certains mots .

Etant reconnu que c'est un principe général de la syllabation que deux phonèmes consonantiques successifs n'appartiennent pas à la même syllabe s'ils sont identiques, et que par suite le premier est censé se syllaber à l'aide de ce qui le précède, alors que le second s'articule à ce qui le suit, il est raisonnable de supposer que la "longueur" des consonnes géminées est un sous-produit du soin qu'on peut prendre de distinguer dans l'unique articulation éventuelle deux phases syllabiques distinctes, l'une en quelque sorte rétrospective et l'autre prospective . Il est connu que dans le cas des occlusives, la "longueur" est souvent marquée par la durée notable de l'occlusion, c'est-à-dire non pas de la prononciation effective et positive, mais plutôt, justement, de la phase de "point mort" qui marque le mieux la séparation syllabique . Prolonger cet arrêt, ce n'est pas véritablement allonger une consonne, c'est plutôt allonger (au point de le rendre sensible, notable et significatif) l'intervalle sans valeur phonique propre qui sépare un segment consonantique d'un autre . De ce point de vue, le prétendu "allongement" de con-

sonne qui peut parfois caractériser les géminées est tout à fait comparable
à la pause, au coup de glotte, ou à toute forme sensible de discontinuité de
prononciation qu'on peut introduire dans "brouhaha", "créer" ou "à Arles"
pour clairement marquer la "gémination" de voyelle . La principale différence entre ces deux situations est que dans les "géminations" de voyelles, les
éléments identiques ont même statut syllabique, alors que deux consonnes en
relation de gémination s'opposent, si elles sont prononcées ensemble, par
leurs positions syllabiques implosive et explosive . En français le besoin
de bien rendre cette distinction se marque essentiellement par le renforcement de la phase implosive, ordinairement quasi-nulle comme la moins "naturelle" ; mais quand cette caractérisation syllabique est inutile au dénombrement elle peut être en fait négligée; ainsi lorsque on prononce devant pause "six" /sis/, le /s/ final, officiellement implosif en ce sens qu'il est
censé se syllaber à l'aide du /i/ qui le précède, peut être pratiquement autonome (être prononcé comme s'il était "voyelle"), pourvu qu'une discontinuité intempestive entre le /i/ et lui-même ne vienne pas attester et officiali-
ser ce statut .

   III.B Dénombrement, insertion et suppression : en français les voyelles
"fermées" /i/, /u/ et /ü/ sont sujettes à un ensemble de phénomènes dont l'e-
xistence, ou dans une certaine mesure la conscience qu'on a de cette existence, est liée à l'existence dans la même langue des consonnes /j/, /w/ et /w̃/
(comme dans "yeux", "croire", "puis") . Ces phénomènes ont été l'objet d'études détaillées (cf. notamment Morin 1971) . A première vue ils se laissent
décrire simplement en termes d'insertion ou de suppression de phonème, ou de
"segment" .

   Ainsi il semble aller de soi qu'on peut tout simplement parler d'insertion d'un segment /j/, /w/ ou /w̃/ après respectivement /i/, /u/ ou /ü/ et devant une voyelle (respectivement) différente dans "cria", "trouons", "incon-
gruité" prononcés /krija/, /truw͡ɔ̃/, /ɛ̃kɔgrüw̃ite/ . Le segment ainsi "inséré"
correspond à la transition "glissante" entre une voyelle fermée et la voyelle
différente qui la suit . Il est banal de décrire son apparition, en style gé-
nératif, par une règle d'épenthèse .

   Peut-être est-ce un contrecoup de cette apparition de glissante intermédiaire, que la pure et simple alternance de voyelle fermée avec glissante
correspondante qu'on observe dans les paires du type /lie/ et /lje/ pour "lier", /lua/ et /lwa/ pour "loua", /üe/ et /w̃e/ pour "huées" . Les formes avec
consonne /lje/, /lwa/ et /w̃e/ peuvent apparaître comme obtenues par substitution de consonne à voyelle (ou perte d'un trait de syllabicité), mais aussi
comme obtenues par suppression du segment syllabique après insertion de glissante transitive . Il peut paraître encore plus justifié de parler de suppression de segment à propos de prononciations comme /etüdje/ pour "étudiiez" (a-
vec un seul /j/ correspondant pour certains locuteurs aux deux "ii") (cf. Dell
1972, et Martinon 1913 p.119) .

   Mais une description qui se bornerait à décrire mécaniquement ces phénomènes en termes d'insertion ou de suppression de segment dans une langue,
ou même dans un "idiolecte" supposé rigide et sans problème, déformerait gra-
vement les faits, qui sont autrement complexes, flous et flottants . D'une
part, comme l'observe Morin 1975 (p.178) à propos d'une langue différente,
"la variation (entre /i/ et /ij/) n'est vraisemblablement pas discrète, mais
plutôt linéaire, avec tous les degrés intermédiaires"; si, de même, entre les
prononciations des types /lua/ et /luwa/ pour "loua" tous les degrés peuvent
être représentés, c'est donner une description incorrecte, ou alors faire un
usage incorrect des symboles segmentaux, que de décrire cette variation par
une règle d'insertion de consonne glissante . On peut soupçonner qu'il existe

une pareille continuité entre les prononciations des types /lua/ et /lwa/, et
même plus généralement que les trois types /lua/, /lwa/ et /luwa/ ne contras-
tent pas deux à deux d'une manière tranchée . S'il en est ainsi cette situation ne peut pas se décrire simplement par insertion ou suppression de segment .

Un deuxième aspect de ces phénomènes qu'on peut estimer important, et
qu'une description mécanique et tranchée ne reflète pas, est qu'ils sont un
lieu, non seulement d'importantes variations de dialecte à dialecte, et de
locuteur à locuteur, mais encore d'humeur à humeur si on peut dire pour un
même locuteur ; mais surtout, comme le laissent apercevoir Tuaillon (1977,
pp.407-408) et Martinon (1913), ces variations sont l'objet d'hésitations,
de difficultés à prononcer dans certains cas; par exemple Martinon (p.119)
note que la prononciation d'un "i long" dans "priions", "priiez" "est la seule manière de distinguer ces formes de celles de l'indicatif présent", et
qu' "en fait, on prononce presque *priyyons*" (comme s'il y avait insertion
d'un /j/); il évoque ainsi le besoin qu'on ressent parfois de distinguer e-
xactement certaines formes, et peut-être l'hésitation qu'on peut avoir à le
faire par certains procédés .

Enfin il apparaît dans bien des cas que ces phénomènes, quand ils ne
sont pas systématisés morphologiquement, sont des phénomènes de contiguïté
dans la prononciation . Par exemple les prononciations de "il y a" /ilia/,
/ilija/ et /ilja/ ne sont pas équivalentes du point de vue de la cosyllabation : on peut sans problème interrompre la prononciation entre "y" et "a"
si "y" est prononcé /i/, mais non s'il est prononcé /ij/ ou /j/ (la règle de
contiguïté des clitiques consonantiques ne saurait rendre compte du premier
de ces deux cas) ; de même "où aller" peut se dire /u-ale/, /uwale/ , mais
non /u-wale/ ou /uw-ale/ . C'est ce dont des règles d'insertion et de suppression de segment ne sauraient rendre compte à moins qu'on ne l'indique
expressément : la glissante "insérée" ou "substituée" n'est pas syllabiquement quelconque: elle est contiguë à la voyelle qui la détermine si celle-
ci est présente, et elle est explosive, initiant la syllabe qui suit .

Or situés dans la perspective de la syllabation, les phénomènes évoqués peuvent apparaître comme concernant essentiellement le dénombrement phonémique de la suite phonétique . Rien n'atteste qu'il soit phonologiquement
pertinent de distinguer comme deux segments distincts, dans la prononciation
/luwa/ de "loua", /u/ et /w/, et un seul, /u/ ou /w/, dans /lua/ ou /lwa/ .
Sauf justification contraire, on peut tenir pour un "segment" (phonémique)
unique la suite mal représentée par /u/ dans ce cas, de même que lorsque
"six" est prononcé (schématiquement) /s̄s̄is̄s̄/,[15] nul ne suggère d'y compter
cinq segments dont deux seraient "insérés" par quelque "règle d'épenthèse".
Suivant ce point de vue, on fera plutôt quelque hypothèse du genre suivant:
les règles syllabiques du dénombrement phonémique sont sensibles à la nature
des phonèmes auxquels on les applique . Sous certaines conditions une suite
(cosyllabée) comprenant une première partie syllabiquement autonome (voyelle) et une deuxième partie dépendante (explosive, devant voyelle) peut ne pas
compter pour (au moins) deux phonèmes; et par conséquent un phonème peut nettement chevaucher une limite syllabique . Inversement, dans une prononciation
/etüdje/ de "étudiiez", il se pourrait qu'il faille considérer que dans certains cas, une suite explosive (le /j/) puisse ne pas compter pour un seul
phonème . Il n'est pas du tout évident qu'une description systématique faite
de ce point de vue serait plus simple, plus brève, qu'une description en termes d'insertion ou suppression de segments; mais peut-être ferait-elle plus
de sens, à supposer que cet avantage mérite d'être pris en considération .

Ce point de vue nous rapproche de celui que Morin (1975) défend à propos d'une langue du Pakistan, le bourouchaski; comme on l'a déjà vu, selon lui /i/ et /ij/, /u/ et /uw/ devraient être représentés comme des variantes phonétiques libres, conduisant à "une représentation phonétique relativement abstraite" . Mais il me semble que ne pas préjuger du dénombrement phonémique d'une suite phonétique, ce n'est pas la rendre plus abstraite, mais au contraire plus concrète . La formulation de trop de problèmes phonologiques se ressent (sans justification explicitée) de ce qu'on se confie au départ à une représentation phonétique segmentale largement arbitraire, déjà toute pleine de phonologie, puisque déjà dénombrée .

Parmi une foule d'autres problèmes d' "insertion" susceptibles d'être considérés du même point de vue, mentionnons seulement ceux de la "gémination" du /l/ dans /tüllavü/ pour "tu l'as vu", qui est encore un phénomène de contiguïté, puisque elle implique même cosyllabation du pronom à la fois à la voyelle qui le précède et à celle qui le suit . Est-ce un "redoublement" (décrivable simplement par une règle d'insertion - dont il faudrait se demander si elle insère le "premier" ou le "second" /l/), ou un "renforcement" ? Le second terme est plus strictement compatible avec l'idée qu'il peut y avoir en ce cas neutralisation quantitative, c'est-à-dire que la suite implosive-explosive /l/ peut ne pas être comptée pour deux phonèmes (si elle est cosyllabée, et non divisée par une interruption de la voix) . D'une manière comparable, plutôt que de dire que dans "éPPPOUvantable", dans les cas extrêmes où l'emphase affective aboutit à la perception d'une partie implosive d'articulation /p/, il y a redoublement (ou triplement, ou multiplication, etc.) de la consonne, on dira que le principe ordinaire du dénombrement est neutralisé, et que l'éventuelle distinction d'une phase implosive et d'une phase explosive n'est pas numériquement significative .

III.C Voyelles et consonnes : que certaines propriétés de syllabation sont constitutives de la définition des phonèmes, on le sait depuis qu'on divise les phonèmes en deux classes, celle des voyelles et celle des consonnes (sans compter éventuellement celle des ambivalents), c'est-à-dire depuis toujours . En effet compter au nombre des traits classificatoires d'un phonème le fait qu'il peut, doit, ou ne peut pas être voyelle, c'est-à-dire se prononcer tout seul, c'est mettre la syllabation au coeur de la phonologie, et réduire à l'état d'apparence l'idée que l'arrangement syllabique des phrases viendrait se faire après coup sur des êtres indifférents en eux-mêmes à la syllabation . On sait aussi depuis longtemps que la propriété de voyelle est assez largement arbitraire, puisque d'une langue à l'autre sa distribution peut varier pour certains éléments, et qu'à l'intérieur d'une langue comme le français, on constate que des phonèmes qui peuvent aisément se prononcer isolément, et dont la distribution se ressent de cette faculté, ne peuvent pas "officiellement" se prononcer seuls et sont toujours cosyllabés à une syllabe de bon aloi . Ce point contribue avec les précédents à montrer que la syllabation d'une langue n'est pas surimposée à une structure phonologique définie en dehors d'elle .

NOTES

* Je n'ai rédigé ce texte qu'après avoir eu connaissance de celui de Sandy Schane pour ce même recueil .
Je note l'e muet ou éventualité d'e par un point, comme dans /1./ correspondant aux prononciations avec ou sans voyelle de "le"; je note au besoin sa réalisation par /ə/ suivant l'usage . Je note en les soulignant d'un trait commun le fait que plusieurs éléments successifs sont prononcés sans interruption; en les séparant d'un tiret le fait qu'ils sont séparés par une interruption dans la prononciation .

1 - Cette erreur va de pair avec celle qui consiste à croire que la ponctuation actuelle du français écrit sert à marquer les pauses, comme si un texte écrit était écrit (et ponctué) afin d'être prononcé ; dans une certaine mesure la ponctuation a pu à une époque antérieure servir à donner des indications sur le débit, mais cette fonction est essentiellement abandonnée aujourd'hui et laissée dans de rares cas à des notations comme le ... pour la pause (qui peut n'être qu'une suspension graphique, d'ailleurs) . Notre ponctuation est essentiellement syntagmatique et sémantique (dans le cas des ! et ?), ou "logique" comment disent Chevalier and Co (1964 p.33) .
On peut soupçonner que dans une certaine mesure au moins, les poètes qui justifient l'abandon de la ponctuation en vers par la présence d'un découpage métrique prennent la ponctuation "de prose" pour ce qu'elle n'est pas essentiellement; ainsi Mallarmé (1945, p.407) pour qui les vers "s'en passent par le privilège d'offrir, sans cet artifice de typographie, le repos vocal qui mesure l'élan", voire Apollinaire (1913, lettre à Martineau citée dans Chevalier et les autres p.39) . Cette remarque ne condamne pas leur procédé en soi, qui a peut-être des motivations inconscientes plus sérieuses .

2 - Dans *Le remplacement d'e muet par ε et la morphologie des enclitiques,*. pp.156-158 .
Dans les lignes qui suivent je marque par un blanc la séparation de mot à mot, sans représenter par un symbole les "frontières" de mot (ou de morphème, etc.) qu'on utilise en phonologie générative (dans certains cas il en faudrait deux (entre deux mots) au moins, chaque mot se promenant avec ses "frontières de mot" comme une auto-tamponneuse avec ses parechocs).

3 - Dans les deux versions de *H aspirée et la syllabation* .

4 - Sans parler des usages dans lesquels ont peut contester l'existence même d'e muet terminal de mot contenant une vraie voyelle, comme font les dictionnaires qui, sans discussion, attribuent la même structure phonologique à "cet" et "cette", "il" et "île", etc. Les arguments qu'on pourrait apporter en faveur de cette simplification (certainement fondée dans bien des cas) sont principalement phonétiques: ce prétendu e final, on ne l'entend pas - ou pas plus que là où il y a une consonne finale . Mais par ce raisonnement il faudrait conclure, par exemple, qu'il n'y a pas d'e muet à "je" dans "dis-je" parce que l'e muet n'y est pas plus évident que dans "tige" . Dans certains usages (et certains cas) au moins l'e féminin peut se manifester devant consonne de liaison : j'admets en prononciation lente et soignée /dətɛləzami/ pour "de telles amies", pas pour "de tels a-

mis"; ou encore /ɛləzirɔ̃/ ("elles iront"), mais pas /iləzirɔ̃/ ("ils i-
ront") ; cf. le texte de Crouzet dans ce recueil .

5 - Pour définir vaguement deux termes que j'emploie ici indistinctement, disons que deux segments sont *coarticulés* ou *cosyllabés* quand la prononciation du second est autant que possible amorcée dans celle du premier, qu'elle prolonge de la manière la plus économique . Ainsi de deux
gestes qu'on enchaîne quoique chacun puisse être indépendant de l'autre.
Même en l'absence d'une pause intermédiaire, deux segments successifs
peuvent parfois ne pas être cosyllabés, si la mise en oeuvre du second
est entreprise à nouveaux frais au moment même où s'achève la réalisation du premier, conçue indépendamment de sa suite . Cf. *Le droit d'e*
§ 17, pp.112-113 . Deux segments appartenant à une même syllabe sont donc
forcément cosyllabés s'ils sont successifs; mais deux segments successifs
cosyllabés peuvent ne pas appartenir à une seule syllabe; ainsi deux consonnes géminées . Ainsi encore un clitique consonantique doit être cosyl-
labé au segment de sa base dont il est voisin, mais il peut ce faisant
appartenir à une autre syllabe, comme l'article /l/ dans /sellu/ ("c'est
le loup") .

Dans les cas étudiés ici, l'usage d'e muet final est d'autant plus probable (son économie, d'autant moins probable) que la densité syntaxique
est faible parce que la cosyllabation le rend inutile . Inversement, si
la cosyllabation tendait à justifier l'usage d'e, cet usage serait d'autant plus plausible (son économie, d'autant plus improbable) que la densité syntaxique est forte, suivant le même principe . C'est justement le
sens (me semble-t-il) des facteurs d'épenthèse étudiés par Dell 1977 .

6 - Citons encore d'après Morier (1943, t.1, pp.103sv) : "Les accueille, afin
que les trésors s'échangent" (alexandrin), "Mord, s'affole et se délivre"
(octosyllabe), "Il lui semblait que sa tête était le centre" (alexandrin),
"De joie immense ou de crainte attentatoire" (alexandrin), "Et la terre,
avec ses jours, avec ses nuits" (alexandrin), tous vers de Verhaeren .
On lit dans Le Crève-coeur d'Aragon, dans la "tapisserie de la grande
peur", ce vers de douze syllabes (p.45) :

Hydre-oiseau qui fait songer à l'hydre de Lerne

qui m'a paru boîter la première fois que je l'ai lu parce que je scandais
spontanément /idrəwazo/ : l'usage d'e allégeant la prononciation de "hydre-oiseau" à cause de la consonne /w/, quoique "oiseau" soit jonctif .

7 - Pierre d'Olivet (1786, p.382) observe : "quoique l'un des T soit muet dans
tette, dans *patte*, c'est une nécessité de continuer à écrire ainsi, parce
qu'en pareil cas il n'y a point d'autre signe que le redoublement de la
consonne, qui puisse marquer la brièveté de la syllabe" .

8 - On ne peut écrire comme féminin de "aigu", "aiguhe" au moins pour deux
raisons : d'une part pour la stabilité morphologique ; d'autre part parce qu'on peut concevoir d'h aspirée devant un e muet, et qu'on transpose cette impossibilité (supposée en phonologie) aux lettres même utili-
sées comme ici par fiction .

9 - Il existe une manière toute simple et bien connue des "phonéticiens" de
représenter l'ambisyllabicité sans sortir des représentations séquentiel-
les : il suffit de segmenter le phonème en deux parties représentées par
deux symboles séquentiels, qu'un symbole de limite syllabique peut sépa-

rer . Cette manière sans prétention permet en outre d'indiquer la situation syllabique (implosive, ou explosive, notamment) de telle ou telle partie de phonème par un diacritique approprié . Ce qu'elle a de choquant sans doute, c'est de couper en tronçons le phonème sacré, chose qu'on accorderait aux représentations bassement phonétiques des "phonéticiens", mais qui ne conviendrait pas à la dignité de la "phonologie" .

Compte tenu du rôle essentiel de la syllabation dans le dénombrement du continu phonétique en phonèmes, que j'évoquerai au § III, ce tronçonnement est naturel, si on convient que les éléments ou les objets représentés ne sont soumis au découpage en phonèmes qu'à partir du moment où on leur applique des règles de syllabation . Si les limites de syllabes servent à dénombrer (à compter et séparer les phonèmes), il est naturel qu'elles apparaissent dans des structures non complètement dénombrées .

10 - L'écart fictif entre l'observation directe (non-jonction) et l'indirecte qu'on crée (possession d'h) permet de glisser à peu de frais, stylistiquement, une apparence de causalité, donc d'explication (de la chose observée par la chose inventée - rien de plus) . La "consonne" non-sonnante explique la disjonction . Cette apparence d'explication se glisse d'une manière véritablement anodine dans des formulations comme "Le *h* dit aspiré empêche les liaisons" (dans le Dictionnaire du Français Contemporain des "linguistes" de Larousse) ; ici le verbe "empêche" suggère une causalité phonologique tout en convenant assez bien à une norme de décodage grapho-phonique ("il interdit de faire la liaison en lisant tout haut") ; mais dans "ma hache" au lieu de "mon hache", il apparaît que l'h aspirée n'est pas seulement un guide pour le lecteur prononçant le texte, elle "explique" le choix de "ma" au lieu de "mon" .

Dans plusieurs dictionnaires, et notamment dans le Dictionnaire de la prononciation française dans son Usage Réel de Martinet et Walter, on note, au hasard semble-t-il, la disjonctivité tantôt par une /h/ initiale, tantôt par un signe plus spécifique et direct comme /'/ dans la représentation phonétique . En l'absence d'aucun commentaire, ce double usage atteste ou bien qu'on réduit la signification du symbole séquentiel /h/ à celle d'une indication spécifique de disjonctivité, ou bien (comme c'est plus vraisemblablement le cas dans l'exemple cité) qu'on utilise le /h/ pour sa valeur explicative naïve traditionnelle .

Cette notation quasi-lexicale de la disjonctivité a une conséquence théorique importante : elle conduit à réduire au lexique l'extension de ce phénomène, qui est bien plus vaste . Par exemple on songe à expliquer la disjonctivité du nom "hache" (par une consonne) mais non celle de "a" ou de "et" dans "le a", "ce et" .

11 - La plupart des disjonctions actuelles, même lorsqu'elles caractérisent des mots, ont d'autres origines ; ainsi "le onze", "le huis-clos", "le A", "la Sémantique Formelle de Antoine Culioli", "le | et le ᴕ⁹" .

12 - Ainsi Morier (1975, p.483, à "hiatus") *fait semblant* de parler en phonéticien sérieux et au sujet d'un phénomène segmental quand il écrit (italiques miennes) : "l'h d'origine nordique (...) s'entend encore dans la diction affective; *entre* deux voyelles, cet h *se sonorise* et peut fournir au théâtre des effets de vérité : "Dans le fond de mon coeur je sais que tu me hais" (Britannicus, V, 7) . On prononce "tu me hais" avec *une expiration glottale laryngée*, qui a un caractère rauque, inaccoutumé et sauvage"; et de noter en bas de page, à propos de "laryngée" : "Notée, en phonétique internationale, d'un signe spécial: ɦ" . Il paraît que ce

brevet technique est fort goûté des littéraires de laboratoire .

13 - C'est par confusion qu'on a pu parfois citer "les *oh!* et les *ah!*" comme témoignant (par non-liaison) du caractère disjonctif des interjections, puisque les interjections ne sont pas ici interjetées dans leur usage normal , mais citées (employées de manière autonymique) . L'effet de la citation sur la jonction est traditionnellement bien connu .

14 - Mais en graphie cursive (manuelle) spontanée bien d'autres moyens d'insistance et d'emphase sont disponibles: soulignement, grossissement des traits, agrandissement des dimensions, etc. Il est douteux que dans ces conditions on prendrait soin de renforcer uniquement et distinctement une consonne .

15 - Je note la position explosive par le diacritique ⌒ , l'implosive par ⌣ , et l'indépendance syllabique de fait par ⌐.

REFERENCES BIBLIOGRAPHIQUES

ANDERSON, J. & C. JONES, 1974, "Three theses concerning phonological representations", *Journal of Linguistics*, 10:1-26 .

ARAGON, L., 1946, *Le Crève-coeur*, Gallimard .

BALLY, Ch., 1944, *Linguistique générale et linguistique française*, Francke, Berne .

BARBARA, microsillon Philips 73 .

BASBØLL, H., 197?, "The syllable in a generative phonology", *Papers from the 1st Scandinavian conference of Linguistics*, ed. Osten Dahl, Gothenburg.

BOLINGER, D., 1975, *Aspects of Language*, deuxième édition, Harcourt Brace Jovanovich, New-York .

BRASSENS, G., microsillon Philips N 76061 R .

CHEVALIER, J.C. et les autres, 1964, *Grammaire Larousse du français contemporain*, Larousse .

CHOMSKY, N. et M. HALLE, 1968, *The sound pattern of English*, Harper & Row, traduit au Seuil *Principes de phonologie générative* .

CORNULIER, B. de, 1974, "Expressions disjonctives: *h* et la syllabicité", polycopié, UER de Luminy; version développée "*H* et la syllabation" 1978 Luminy, à paraître dans *Phonology in the 70's*, ed. D. Goyvaerts, Story-Scientia, Ghent, Belgique .
............., 1975, "Le droit d'e: *e* et la syllabicité", *Cahiers de linguistique, d'orientalisme et de slavistique*, n° 5-6 (*Hommage à Mounin*) pp.101-118, ILGEOS, Université de Provence, Aix .
............., 1977, "Le remplacement d'e muet par *ε* et la morphologie des enclitiques", dans Rohrer 1977, pp. 155-180 .

DAMOURETTE, J. & E. PICHON, 1911-1927, *Essai de grammaire de la langue française*, d'Artrey, Paris .

DELATTRE, P., 1944, "L'aperture et la syllabation phonétique", dans *The French review*, vol.XVII, n°5, pp.281-285 .

DELL, F., 1972, "Une règle d'effacement de *i* en français", dans *Recherches linguistiques*, n°1, Université de Paris-8 Vincennes .
........, 1973, *Les règles et les sons*, Hermann, Paris .
........, 1977, "Paramètres syntaxiques et phonologiques qui favorisent l'épenthèse de schwa en français moderne", dans Rohrer 1977, pp.141-153 .

EHRHARD, J., 1965, *Remarques sur trois difficultés de la prononciation française*, plaquette chez J. Aspar, Saïgon .

FOUCHE, P., 1945, compte-rendu de *Le système consonantique du français* de B. Malmberg dans *Le français moderne*, vol.13, pp.156-159, d'Artrey .

FREEMAN, M., 1975, "Is French phonology abstract or just elsewhere? boundary phenomena and *h aspiré* = [?], not #?!, polycopié, Harvard University, Etats-Unis .

68

GENIN, F., 1845, *Des variations du langage français depuis le douzième siècle*, Firmin Didot, Paris .

GREVISSE, M., 1975, *Le bon usage, grammaire française*, 10ème édition, Duculot, Gembloux, Belgique .

KAHN, D., 1976, *Syllable-based generalizations in English phonology*, thèse de Ph.D. à M.I.T. non publiée, Massachussetts .

MALECOT, A., 1975, "The glottal stop in French", dans *Phonetica*, 31:1, pages 51-63 .

MALLARME, S., 1945, *Oeuvres complètes*, éditées par Henri Mondor et G. Jean - Aubry, Pléiade, Gallimard .

MALMBERG, B., 1972, *Phonétique française*, deuxième édition, Hermods, Malmö, Suède .

MARTINON, P., 1913, *Comment on parle le français, la langue parlée correcte comparée avec la langue littéraire et la langue familière*, Larousse, Paris .

MAZALEYRAT, J., 1974, *Eléments de métrique*, Colin, Paris .

McCAWLEY, J., 1974, compte-rendu de *The sound pattern of English* de N. Chomsky & M. Halle 1968, dans *International journal of American linguistics*, vol.40, n°1, The University of Chicago .

MORIER, H., 1944, *Le rythme du vers libre symboliste (tome I, Verhaeren; tome 2, H. de Régnier; tome 3, Viélé-Griffin)*, Presses Académiques, Genève .

.........., 1975, *Dictionnaire de poétique et de rhétorique*, deuxième édition, P.U.F., Paris .

MORIN, Y.C., 1971, *Low level French phonology*, Natural language studies n°11, Phonetics laboratory, University of Michigan, Ann Arbor .

.........., 197?, "Glide formation", polycopié, Phonetics laboratory, University of Michigan, Ann Arbor .

d'OLIVET, P., 1786, *Remarques sur la langue françoise*, chap. *Prosodie Françoise*, chez Veuve Dumesnil, Rouen .

PULGRAM, E., 1970, *Syllable, word, nexus, cursus*, Mouton .

RIMBAUD, A., 1972, *Oeuvres complètes*, éditées par Antoine Adam, Pléiade, Gallimard .

ROHRER, Ch., éd., 1977, *Actes du colloque franco-allemand de linguistique théorique*, Max Niemeyer, Tübingen, R.F.A.

SCHANE, S., 1968, *French phonology and morphology*, M.I.T. Press, Cambridge, Massachussetts .

SELKIRK, E. & J.R. VERGNAUD, 1973, "How abstract is French phonology?", dans *Foundations of Language*, 10, pp.249-254, Reidel, Dordrecht, Hollande .

SMALLEY, W., 1968, *Manual of articulatory phonetics*, Cushing-Mallow, Ann Arbor, Michigan .

VENNEMANN, Th., 1972, "On the theory of syllabic phonology", dans *Linguistische Berichte*, 18, Vieweg .

ZOMBIE, Ch., 1960, "Rôle de l'expansion dans la syntaxe structuraliste", dans

Revue des culturistes, vol.73, n°2, pp.17-52, La Chapelle / Erdre .

ZZEPAJAZED, Z., 1911, "Une règle d'allongement en bibliographie scientifique", dans *Journal des amis de Panini*, vol.7 n°1, Trégranteur, Morbihan .

RECLAMATION DE L'E MUET

au citoyen Sicard , Professeur aux Ecoles Normales , contre la proposition qu'il avoit faite de substituer un autre signe à cette voyelle, et de supprimer l'n et le t dans les troisièmes personnes des verbes.

Citoyen Crouzet
(Ecoles Normales)

Réformateur de l'alphabet,
J'avais conçu quelqu'espérance,
A titre de sourd et muet,
D'intéresser ta bienveillance.

Mais, quand à la société
Tu rends mes malheureux confrères,
Pourquoi suis-je persécuté
Et proscrit par tes lois sévères?

Nous sommes trois du même nom,
De son divers, sous même forme;
Et voilà, dis-tu, la raison
Qui me soumet à la réforme.

Il est vrai que nous sommes trois,
Et tous trois de même structure;
Mais, exprimant diverse voix,
Nous prenons diverse figure.

Les deux qu'épargnent tes rigueurs
Sont marqués d'un signe interprète,
Et comme ils sont très-grands parleurs,
Ont une langue sur la tête.

Si pourtant, à quelqu'un de nous,
Il fallait déclarer la guerre,
J'ose m'en rapporter à tous,
Est-ce à moi qu'il faudrait la faire?

Je marche seul et sans fracas,
Sans attirail et sans coëffure:
Je ne cause aucun embarras
Dans le bel art de l'écriture.

Je chéris la simplicité,
Je suis formé d'un trait unique,
Et fidèle à l'Egalité,
Je conviens à la République.

Dans mon chemin je suis souvent
Heurté d'une voyelle avide;
C'est ainsi qu'en proie au méchant
Périt l'être faible et timide.

Mais alors même en expirant
Sous le froissement qui me presse,
D'un son barbare et déchirant
Je sers à briser la rudesse.

Dans la poésie où la voix
A l'hémistiche est suspendue,
Je n'en puis soutenir le poids,
Son repos m'accable et me tue.

Il est vrai: mais souvent ailleurs
Je rends sa touche plus agile,
Et j'en nuance les couleurs
Sous la main d'un poëte habile.

On ne me compte pas, dis-tu,
Dans les vers où je suis finale;
Ah! c'est alors que ma vertu
Par d'heureux effets se signale.

Pour peindre un objet étendu,
J'allonge une rime sonore,
Et quand le vers est entendu,
La syllabe résonne encore.

Je rends le bruit retentissant
Du sein de l'orage qui *gronde*
Et que répète en mugissant
L'écho de la terre *profonde*.

Par le dernier frémissement
Du son qui doucement *expire*,
Je peins le doux gémissement
De l'eau qui murmure et *soupire*.

Quoique l'on m'appelle *muet*,
Je dis beaucoup plus qu'on ne pense,
Je ressemble au sage discret
Dont on écoute le silence.

A la voix je sers de soutien,
J'arrête le son qui s'envole;
Tu parais le sentir si bien
Que tu n'as pas détruit mon rôle.

Même tu veux qu'un étranger
Le remplisse quand on me chasse.
Est-ce la peine de changer
Pour mettre un muet à ma place?

Si donc tu voulois me laisser;
Par justice et reconnaissance,
J'aurais encore à t'adresser
Un voeu d'une grande importance.

Quand le signe de l'action
A pour sujet plusieurs personnes,
Ta sévère décision
Veut y supprimer trois consonnes.

Ah! réforme ce jugement;
Laisse moi mes deux sentinelles,
Mon unique retranchement
Contre la fureur des voyelles.

Si tu renverses ce rempart,
Tu détruis par-tout la mesure,
Tu fais tomber de toute part
La poëtique architecture.

Dans combien d'immortels écrits,
Tu vas mutiler le génie!
Je ne vois plus que des débris
Dans Phèdre et dans Iphigénie.

Des sourds-muets digne soutien,
Toi leur bienfaiteur, toi leur père,
Daigne aussi, daigne être le mien,
Et traite-moi comme leur frère.

§
§§§
§§§§§

Une version préliminaire de ce texte a paru dans le Journal de Paris, an III, n°157, pp. 631-634.

EPENTHESE ET EFFACEMENT DE SCHWA DANS

DES SYLLABES CONTIGUËS EN FRANÇAIS.

François DELL, CNRS Paris

Ces remarques seront consacrées à l'interaction entre la règle VCE, qui efface facultativement schwa lorsqu'il est précédé d'une consonne initiale de mot et que le mot précédent est terminé par une voyelle *(la m(ə)sure)*, et la règle EPEN, qui insère facultativement un schwa à la fin d'un mot terminé par deux consonnes lorsque le mot suivant commence par une consonne *(larg(ə) majorité)* [1].

L'existence de ces règles a été établie dans Dell (1973 : 230 et 236-237), ouvrage qui sera désormais désigné par ses initiales RES. Leur formulation exacte est redonnée pour mémoire ci-dessous, ainsi que quelques exemples où elles sont à l'oeuvre [2].

$$\text{VCE : } \text{ə} \rightarrow \emptyset \quad / \quad V \#_1 \, C \text{ ---}$$
(FAC)

$$\text{EPEN: } \emptyset \rightarrow \text{ə} / \, CC \text{ ---} \#_1 \, C$$
(FAC)

(1)   ceux qu(E) tu vois, on t(E)nait, en v(E)nant, les g(E)noux.

(2)   film(E) danois, apport(E)-les-moi, fix(E) la date,

l'Egypt(E) proteste, en contact(E) permanent.

Les exemples ci-dessous illustrent le fait que VCE prend effet normalement lorsque la voyelle finale du mot précédent est elle-même un schwa qui ne peut pas tomber (3), ou qui est lui-même susceptible d'effacement facultatif par VCE (4):

(3)   Préviens-le qu(E) c'est fini.

Ils promettent de v(E)nir.

(4)   Il promettra d(E) v(E)nir [3].

Après ces quelques rappels nécessaires, venons-en à notre propos qui est d'examiner la façon dont VCE opère lorsque la voyelle de la syllabe précédente est un schwa introduit par EPEN. Les données de (5) et (6) semblent indiquer que VCE ne peut pas prendre effet dans de telles conditions [4] :

(5) quatorz' d-E-voirs d'anglais /*quatorz-E-d'voirs...

     divers' t-E-nailles /*divers-E-t'nailles

     larg' d-E-mi-longueur /*larg-E-d'mi longueur
                    (le cheval a gagné d'une)

(6) en form' d-E-poire /*en form-E-d'poire

     concierg' r-E-traitée /*concierg-E-r'traitée

     la serp' m-E-surée par Jean /*la serp-E-m'surée ...

     cette marqu't-E-plaît /*cette marqu-E-t'plaît

     on abord' l-E-virage /*on abord-E- l'virage

        Mais les données de (7), (8) et (9) indiquent qu'il existe malgré
tout des cas où VCE peut prendre appui sur le schwa final qui précède :

(7) quelqu-E-d'vantures /*quelqu' d-E-vantures

     ils sont presqu-E-v'nus en même temps / ?*presqu'v-E-nus

(8) il en a posé⟨vingt et quelqu' d-E-vant lui
                 ⟨vingt et quelqu-E-d'vant lui

(9) il souhaîterait ⟨ presqu'v-E-nir demain
                     ⟨ presqu'E-v'nir demain

        L'analyse donnée dans RES (233, 237, 242) était fondée sur des don-
nées comme celles de (5), (6) et (7), mais non sur celles de (8)-(9), qui
n'avaient pas attiré notre attention. Elle rendait compte de (5) et (6) en
ordonnant VCE avant EPEN, et tournait la difficulté représentée par (7) en
supposant que le schwa qui apparaît phonétiquement à la fin de *quelques,
presque* n'a pas été introduit par EPEN, mais est la réalisation d'une voyelle déjà présente dans les représentations phonologiques. Peu importe ici
le détail, mais disons seulement que cette solution impliquait que *quelques,
presque* et les autres mots de ce type [5] soient toujours prononcés avec un
schwa final lorsqu'ils précèdent un mot à initiale consonantique, ce que
démentent les exemples (8) et (9), ainsi que les exemples (10) et (11), que
nous donnons pour montrer que le comportement de *quelques* et *presque* reste
le même devant un mot suivant à initiale consonantique ne commençant pas par
Cə- :

(10) il en a posé ⟨vingt et quelqu'   ⟩
                 ⟨vingt et quelqu-E-   ⟩   derrière lui.

(11) il souhaîterait ⟨ presqu'   ⟩
                     ⟨ presqu-E-   ⟩   vous rencontrer.

        L'analyse proposée dans RES doit donc être modifiée ; le schwa final
de *quelques* et *presque* dans les exemples (7)-(11) doit être considéré comme
épenthétique au même titre que celui de *film, apporte*, etc. dans les exemples de (2), et contrairement à ce qui était proposé dans RES, la règle

EPEN doit être ordonnée avant VCE de manière à ce que le schwa épenthétique puisse servir de contexte à l'opération de la règle VCE dans les exemples (7), (8), (9) [6].

Mais dans ce cas, comment rendre compte des impossibilités notées en (5)-(6) ? A défaut de proposer un dispositif formel en bonne et due forme qui exclue les prononciations marquées d'un astérisque en (5)-(6), faisons les remarques suivantes, qui nous semblent être un pas en direction de la solution.

Dell (1975) a établi que dans la parole,

a) les mots qui se terminent par $[\text{sk}]$, $[\text{kt}]$, $[\text{lk}]$ et $[\text{kt}]$ sont beaucoup plus fréquemment sujets à épenthèse que ceux terminés par un groupe $[\text{r}]$ + consonne ;

b) les séquences XCC # CY sont beaucoup plus fréquemment sujettes à épenthèse que les séquences XCC # # CY.

Les données contenues dans le travail en question montrent en particulier que la pondération des deux facteurs (a) et (b) a pour résultat d'ordonner de la façon suivante les divers contextes selon leur propension à faciliter l'épenthèse :

épenthèse moins fréquente   rC (#) # C

$$\begin{Bmatrix} \text{lK} \\ \text{sK} \end{Bmatrix} \text{ \# \# C}$$

épenthèse plus fréquente $\begin{Bmatrix} \text{lK} \\ \text{sk} \end{Bmatrix}$ # C

La confrontation de ces faits avec les exemples (5)-(9) suggère qu'il existe une corrélation entre la facilité (la fréquence) avec laquelle schwa épenthétique peut apparaître dans un contexte donné et l'aptitude des schwas épenthétiques qui apparaissent dans ce contexte à remettre l'opération de VCE dans la syllabe suivante. Si schwa permet l'opération de VCE dans (7)-(9) mais pas dans (5)-(6), c'est que dans (7)-(9) il est précédé des groupes lk et sk qui facilitent son apparition. L'opposition des exemples (5) et (7) reflète la différence de comportement entre les séquences rC#CəC et lK/sK#CəC , où une seule frontière # sépare les deux mots en contact ; celle entre (6) et (8)-(9) reflète la différence de comportement entre les séquences rC##CəC et lK/sK##CəC , où le rapport syntaxique est moins étroit, d'où les deux frontières # qui séparent les deux mots en contact. Qu'on a bien affaire à l'influence des groupes lk, sk, et non pas à quelque propriété idiosyncratique des mots *quelques, presque*, c'est ce que montrent les exemples suivants :

(12) Tous les $\begin{Bmatrix} \text{calq' j-E-tés} \\ \text{calqu-E-j'tés} \end{Bmatrix}$ au panier sont à moi.

(13) Faut surtout pas oublier les $\begin{Bmatrix} \text{risqu' S-E-condaires} \\ \text{risqu-E-S'condaires .} \end{Bmatrix}$

La comparaison de (5) et (6) montre que l'opposition entre # et # # n'a aucune influence lorsque le premier mot est terminé par un groupe rC ; même séparés du suivant par une seule frontière #,les mots terminés par rC ne favorisent pas assez l'épenthèse pour que schwa épenthétique, lorsqu'il apparaît, puisse être employé comme appui par VCE. Il en va autrement lorsque le premier mot est terminé par un groupe lk ou sk. Lorsqu'une seule frontière # intervient (exemples 7), non seulement l'épenthèse assortie de l'effacement du schwa suivant par VCE est possible, mais elle le devient même à l'exclusion de la solution concurrente sans épenthèse, qui était également possible dans le cas où une double frontière # intervient (exemples 8-9)[7].

La structure de la langue met à la disposition des locuteurs deux moyens d'accélérer le débit de la parole en réduisant autant que possible le nombre de schwas prononcés : maximiser l'application de VCE, et minimiser celle d'EPEN. Ces deux procédés peuvent être employés concurremment, comme dans la prononciation (14) , où les séquences qui remplissent les conditions de VCE et celles qui remplissent les conditions d'EPEN sont disjointes :

(14) C'est l'dialect' des p'tits belg' nés ici.

Mais lorsque ces séquences se recouvrent, c'est-à-dire lorsqu'EPEN et VCE se trouvent en situation d'opérer de part et d'autre de la même consonne initiale de mot, comme en (5)-(9), il y a conflit et il faut choisir. Ou bien on fait l'économie d'un schwa épenthétique, et alors le schwa sousjacent de la syllabe suivante ne peut pas être effacé par VCE, faute d'une voyelle qui précède (exemple 5-6), ou bien on donne à VCE les moyens d'entrer en action, mais c'est au prix de l'apparition d'un schwa épenthétique. Tout se passe comme s'il y avait une tendance générale de la langue à préférer la minimisation du nombre de schwas épenthétiques (exemples 5-6). Cette préférence générale est neutralisée (exemples 8,9) ou même renversée (exemple 7) lorsque la probabilité de schwa épenthétique est augmentée localement par les paramètres phonétiques et syntaxiques mentionnés aux points (a) et (b) de la page 77.

NOTES

1 - Je remercie Lisa Selkirk et Jean-Roger Vergnaud, qui m'ont aidé de leurs avis.

2 - Afin de ne pas alourdir inutilement la présentation, les formes citées le seront dans l'orthographe habituelle, sauf en ce qui concerne les schwas en discussion, dont la présence au niveau phonétique sera indiquée par la majuscule E flanquée de traits d'union, et l'absence par une apostrophe. En vertu de cette convention, la graphie *la mesure* représente le syntagme nominal en question sans rien indiquer de sa prononciation, la graphie *la m-E-sure* représente la prononciation [lamǝzür] , et la graphie *la m'sure* représente la prononciation [lamzür] . Convenons d'indiquer par des parenthèses les schwas dont la présence est facultative dans un contexte donné. La graphie *la m(E)sure* indique que ce syntagme peut se prononcer [lamǝzür] ou [lamzür].

3 - Les deux schwas ne peuvent pas être effacés simultanément, cf. RES : 244-250.

4 - Qu'il soit bien entendu une fois pour toutes que la prononciation où les deux schwas apparaissent simultanément (*form-E-d-E-poire*) est grammaticale dans les exemples (6) comme dans tous les suivants.
Les données qui apparaissent à partir d'ici ne valent pas pour tous les locuteurs parisiens. Cela ne change rien au fait qu'elles constituent un ensemble cohérent qui réclame une explication.

5 - "Les autres mots de ce type" sont tous des mots terminés par un groupe obstruante-liquide. Le comportement de schwa épenthétique derrière un groupe obstruante-liquide a fait l'objet d'un examen détaillé dans Dell (1976).

6 - Nous pouvons maintenant faire l'économie de la règle PAUS, règle spéciale effaçant schwa à la fin des polysyllabes suivis d'une pause, et dont la seule fonction dans RES était de remédier à certaines difficultés créées par notre traitement de données comme celles de (7), cf. RES : 242 et Vergnaud (1975 : 15-17).

7 - Le lien syntaxique entre deux mots peut être si lâche que même derrière un groupe *lk* ou *sk* l'épenthèse n'est plus assez favorisée pour permettre l'opération de VCE. Opposez par exemple la prononciation (1b) ci-dessous et la prononciation (2b), qui est beaucoup moins naturelle, sinon totalement inacceptable :

1a Il aime ceux qui prennent le ⌠risqu' d-E-partir
1b   ⌡risqu-E-d' partir

2a Il empêche ceux qui aiment le⌠ risqu' d-E-partir
2b   ⌡?* risqu-E-d' partir

La séquence *le risque de partir* est un constituant dans la phrase (1) mais pas dans la phrase (2). Peut être d'ailleurs la différence de prononciation entre (1) et (2) vient-elle, non pas de leurs structures de constituants différentes, mais des schèmes accentuels différents qui en résultant. Le mot *risque* peut avoir plus de proéminence accentuelle dans (2) que dans (1), et il se peut qu'une syllabe précédente fortement accentuée ait tendance à inhiber l'action d'EPEN (cf. Dell, 1975).

TRAVAUX CITES

Dell, F., 1973.- *Les Règles et les Sons*, Paris, Hermann.

1975 - Paramètres syntaxiques et phonologiques qui favorisent l'épenthèse de schwa en français moderne, à paraître dans les *Actes du Colloque Franco-Allemand de Linguistique Théorique* (*Stuttgart, oct. 1975*), Niemeyer.

1976 - Schwa précédé d'un groupe obstruante-liquide, *Recherches Linguistiques* 4, Université de Paris VIII - Vincennes.

Vergnaud, J.-R., 1975 - Problèmes formels de phonologie générative, *Rapport de Recherches n°4 du Laboratoire d'Automatique Documentaire et Linguistique*, Universités de Paris VII et de Paris-Vincennes.

LA QUERELLE DES ABSTRAITS ET DES CONCRETS, SES A PRIORI

IDÉOLOGIQUES ET LA LIAISON DE PLURIEL EN FRANÇAIS CONTEMPORAIN

Denis DUMAS
Université du Québec à Montréal

L'objet de ce travail est de faire la revue critique du traitement proposé par Schane (1968 a) dans le cadre de la phonologie générative classique pour rendre compte de la liaison en français, et repris sans changement essentiel par Dell (1970) et Selkirk (1972). Bien entendu, la position de ces auteurs peut avoir changé depuis la publication de leurs ouvrages respectifs, mais ces derniers continuent de faire autorité à cette date. Cette revue critique se situe dans la perspective de l'opposition fondamentale entre le point de vue dit *abstrait* et le point de vue dit *concret*, notamment quant aux buts poursuivis et à la méthode utilisée dans la description phonologique. Pour mieux cerner les implications de chacune des deux positions en présence, je me limite ici au problème de la liaison de pluriel dans le syntagme nominal, dont les manifestations phonétiques et le conditionnement morphologique et syntaxique sont très précisément circonscrits, et accessibles à tout observateur.

1 - FRENCH PHONOLOGY AND MORPHOLOGY

Dans sa thèse publiée en 1968, *French Phonology and Morphology*, à laquelle je renvoie pour l'exposé détaillé, Schane propose deux règles distinctes pour expliquer les phénomènes d'adaptation réciproque auxquels sont sujets les segments des représentations sous-jacentes aux frontières de mot et de morphème, les règles de Troncation et d'Effacement de la consonne finale :

(1) Troncation
$$\begin{bmatrix} \alpha \text{consonantique} \\ -\text{vocalique} \\ -\text{accentué} \end{bmatrix} \rightarrow \emptyset \ / \ \text{---} \ [- \text{segmental}] \quad [\alpha \text{consonantique}]$$

(2) Effacement de la consonne finale

Une consonne finale s'efface

1. obligatoirement en finale de syntagme et dans un nom singulier
2. facultativement dans un nom pluriel.[1]

Ces deux règles sont ordonnées de façon cyclique, puisqu'on a autant besoin de l'application dans l'ordre 1, 2 (pour la forme avec liaison de *des camarades anglais*) que dans l'ordre 2, 1 (pour la même forme sans liaison), et que dans ce dernier cas la règle 2 doit s'appliquer plus d'une fois,

84

sous peine de produire la phrase agrammaticale *de # kamarad # āglɛz .
A l'appui, Shane donne ensuite l'illustration suivante du fonctionnement
cyclique de ses règles (p.15) :

(3)   ((deS #)   (kamaradə + S #)   (āglɛz + S #)   )
                Art   N   Adj. SN

Tronc. Eff. c. fin. Fin 1er c.	((deS #	kamaradə ø #	ø āglɛ + S #	) 2 SN
Tronc. Eff. c. fin. Fin 2e c.	ø de #	ø kamarad #	ø āglɛ #	

2 - EXAMEN CRITIQUE

Examinons maintenant de plus près les divers éléments de cette théorie
de la liaison : le morphème de pluriel dans sa définition et dans son extension, par rapport aux structures actuelles de la liaison.

2.1 - La définition de /S/

Dans les représentations de base qu'il pose, Schane donne au morphème
de pluriel la forme d'un suffixe /S/, qu'il définit comme un archiphonème
non-sonantique, continu et dental, mais indéterminé pour le trait de sonorité, "puisque dans la liaison, la valeur de sonorité est prévisible" (note
8, p. 127).

En effet, la valeur de sonorité est absolument prévisible dans la liaison du pluriel, puisque ce morphème se réalise toujours comme [z]. Dans ce
sens, justement, choisir de le représenter de façon sous-jacente par /S/ est
caractéristique de la position abstraite, qui favorise des formes de base
s'écartant sensiblement de la réalisation phonétique. Dans le cas présent,
le premier critère implicitement invoqué est celui de l'économie lexicale :
dans le lexique, /S/ n'est pas marqué pour la sonorité, et le changement
définitif en [z] en un point donné de la dérivation sera pris en charge par
une règle qui change cette valeur indéterminée pour la valeur positive. Le
contexte de cette règle particulière se trouve en distribution complémentai-
re avec ceux des règles de Troncation et d'Effacement de la consonne finale,
puisque ce /S/, en tant que consonne, ou disparaît devant un mot suivant
à initiale consonantique et en finale de syntagme, ou passe à [z] en liaison
avec un mot suivant à initiale vocalique.

Deux autres critères sont aussi mis à contribution, implicitement pour
le point précis qui nous occupe, mais rendus explicites ailleurs dans le livre. Il s'agit de la *raison* historique et de la *raison* orthographique, un
peu comme on parle de *mariage de raison* ou encore de *raison d'Etat* : historiquement, la marque du pluriel français était un suffixe qui à un stade
donné s'est prononcé en [s] devant consonne et en finale, et en [z] en liaison, ce que note encore l'orthographe actuelle par le -*s* traditionnel à la
fin des noms et pronoms, des déterminants et des adjectifs.

Il appert cependant que cette interprétation est très discutable. Sur le plan strictement descriptif, bien sûr, elle est équivalente à la solution qui consiste à choisir /z/ comme forme de base en le marquant comme sonore dans le lexique et à faire l'économie de la règle de réalisation qui sonorise ce segment. Sur le plan explicatif, cette interprétation pèche toutefois par présomption, en ce sens que d'établir une règle de sonorisation, dans le cadre de la phonologie chomskyenne classique, équivaut à en affirmer du même coup la valeur de généralité et la validité psychologique. Or, rien ne permet à l'heure actuelle d'affirmer qu'une telle règle - même conçue comme règle de redondance (et non comme règle phonologique productive), et même restreinte au cas de la liaison - fasse partie de la compétence du "locuteur idéal" du français contemporain. La condition d'alternance proposée par Kiparsky 3, surtout dans son interprétation étroite, s'avère une garantie salutaire : en l'absence d'alternance observable, on n'est pas justifié de supposer une forme abstraite distincte par quoi que ce soit de la forme phonétique de surface. Cette condition exclut donc le recours à la "neutralisation absolue" comme explication phonologique d'un fait synchronique, c'est-à-dire bannit et l'historicisme et la création gratuite à partir de rien. Pour cette raison, il faut préférer /z/ comme forme de base du morphème de pluriel, à défaut de toute autre forme observable.

La *raison* historique invoquée pour justifier /S/ est non seulement de peu de poids, mais se révèle de plus un sophisme extrêmement pernicieux, en ce qu'il revient à dire - sans le dire - qu'on ne peut trouver de meilleure explication à un état de fait synchronique qu'une explication diachronique. Ce que Derwing (1973) a appelé "l'axiome du réalisme historique" est en fait une forme de déterminisme historique incompatible non seulement avec les principes exprimés de la linguistique moderne, mais surtout avec la démarche scientifique tout court. Si la dimension diachronique et la dimension synchronique d'une langue ne sont pas aussi étanches l'une à l'autre que ne l'avait d'abord cru Saussure, par exemple, et qu'on peut démontrer, comme Labov, qu'elles se compénètrent dans l'évolution observable sur une courte période de temps, le recours à l'histoire ancienne de la langue ne peut fournir que des indices, non des arguments, et encore moins des preuves.

L'orthographe elle aussi n'est qu'un indice, et plus faible encore, puisqu'elle n'a d'existence linguistique qu'au second degré ; en tant que telle, son évolution n'obéit pas qu'à l'influence immédiate de facteurs structuraux, mais aussi et sans doute d'abord à celle de facteurs extralinguistiques et culturels arbitraires qui ne convergent pas nécessairement avec les traits structuraux de la langue. A plus forte raison quand une langue comme le français, et les langues occidentales en général, est associée à un type de civilisation qui a fait de l'écriture une institution largement indépendante de la langue vivante. Quand on sait que l'orthographe française retarde comme elle le fait, même en comptant qu'elle est morphologique et non "phonétique", on ne peut en faire un argument, ni non plus considérer, quand par hasard la *raison* orthographique et la *raison* historique vont dans le même sens, qu'elles ont l'une sur l'autre une sorte d'effet multiplicateur, plutôt que simplement cumulatif, comme si elles se justifiaient l'une l'autre indépendamment de leur objet.

2.2 - L'extension de /S/

Toujours au nom de l'histoire et de l'orthographe, mais premièrement au nom d'alternances stylistiques supposées, le suffixe /S/ de pluriel se retrouve dans la théorie de Schane non seulement dans les déterminants, mais aussi dans les noms et dans les adjectifs. A *petits camarades* correspond la forme de base /pətit + S # kamaradə + S # /, à *petits amis* /pətit + S #ami + S # /4, à *ils sont petits*/ il + S # sɔ̃t # pətit + S # /, et on connaît déjà bien le *des camarades anglais* 5 cité plus haut.

L'argument principal repose sur le fait que sont présentées comme "paires minimales" des formes comme *un savant_Anglais* et *un savant anglais*, ou comme alternants stylistiques des formes comme *des camarades anglais* avec et sans la liaison. Dans les deux cas, l'auteur met sur le même pied - en les présentant comme structuralement équivalentes - des formes dont une est neutre du point de vue syntaxique et stylistique respectivement (*un savant anglais, des camarades anglais*) et l'autre très marquée, marginale par rapport à la langue commune (*un savant_Anglais, des camarades_anglais*). De la même façon, il présente à d'autres moments comme structuralement équivalents des faits susceptibles de forte variation "dialectale", par exemple la prononciation ou la non-prononciation de [ə], de [h] aspiré.

Dans les deux cas, cela revient à affirmer implicitement que les différents niveaux stylistiques ou les différents dialectes d'une langue sont tous également cohérents sur le plan structural, ont tous une forme canonique fixée, et sont tous séparés par la même distance linguistique de ce qui en constitue le noyau central du point de vue des structures syntaxiques et phonologiques. Dans le cas des dialectes, de plus, cela revient à poser que chacun d'eux entretient des relations univoques avec la langue commune, comme s'il y avait nécessairement entre eux tous une relation véritablement génétique, qui les poserait comme égaux dans leur filiation supposée par rapport au dialecte standard. Autrement dit, la langue standard n'est pas un dialecte dominant, et les différents styles de la langue sont tous socialement équivalents.

Pourtant, rien n'est moins sûr. Il est connu qu'un dialecte en vient à dominer les autres pour des motifs strictement extralinguistiques (c'est-à-dire indépendants de sa structure propre), en fait des motifs économiques et politiques pour l'essentiel, et rien n'assure dans cette mesure même que ses relations avec chacun des autres dialectes sont "proportionnelles", et encore moins qu'il y ait entre eux tous une relation génétique de filiation commune vis-à-vis le dialecte dominant.

Pour ce qui est des variations stylistiques, la forme avec liaison de *des camarades_anglais* n'est absolument pas équivalente à la forme sans liaison, puisque cette liaison est propre au style recherché et en cela même exceptionnelle, marginale ; elle résulte de la conservation artificielle d'un trait archaïque, non-productif, à un niveau stylistique conservateur et même rétrograde de par sa fonction même, et qui trouve ses critères de définition, par détermination culturelle, dans des états antérieurs de la langue qui sont entièrement révolus. C'est le cas de la liaison entre un nom et l'adjectif qui suit, liaison qu'on n'a pas le droit de considérer à l'égal de la liaison entre le déterminant et le nom, par exemple, qui elle est une structure vivante et stable de la langue actuelle, nonobstant qu'elle est également d'origine ancienne.

Ainsi, contrairement à ce que le livre de Schane avance, la liaison de pluriel entre le nom et l'adjectif suivant n'est pas du tout facultative : la liaison de *des savants anglais*, pluriel ou pas, est exceptionnelle et marginale, comme est exceptionnelle et marginale celle de *un savant anglais*. D'ailleurs, le choix même d'un adjectif comme *savant* dans un exemple est assez délicat ; c'est un adjectif de position essentiellement post-nominale et le fait de le trouver avant le nom est syntaxiquement marqué, de sorte qu'il est déjà plus étonnant et plus détonant de rencontrer cette construction dans le style courant que de voir l'adjectif faire liaison. C'est en effet un autre trait caractéristique des tenants de l'abstractionnisme, et des générativistes de stricte observance en général, aux yeux de qui tout est égal à tout au moins de façon implicite, que de ne jamais invoquer de faits linguistiques propres à la langue dite populaire et encore moins à la langue dite vulgaire. Les seuls faits admis à la description vont du niveau standard au niveau le plus recherché, mais jamais en bas de la ceinture, pour ainsi dire. Au bout du compte, la méthode qui pratique une telle forme de sélection va dans le même sens qu'une certaine sociologie américaine, qui ne trouve rien de mieux pour nier la division de la société en classes que de proposer à priori l'universalité de la classe moyenne, quitte à distinguer au besoin en moyenne supérieure, moyenne moyenne et moyenne inférieure.

C'est au contraire dans le français parlé le plus courant et dans le français populaire qu'il faut chercher les faits pertinents. Non seulement ce registre est capable de les fournir tous, mais il est aussi le seul légitimé à le faire. En effet, c'est ce registre-là qui est représentatif de la langue parce qu'il représente le produit linguistique le plus pur qu'il soit possible d'isoler. Parce qu'il est lié à l'exercice de la parole dans les conditions pratiques de la vie individuelle et sociale, il est le moins directement perméable à l'influence essentiellement conservatrice de la langue "cultivée", de la culture livresque qui invoque l'histoire, le primat de la forme écrite, l'intention esthétique et tout le métalinguistique en général comme les justifications supérieures de l'expression linguistique, et impose un "fétichisme de la langue" très bien décrit par Bourdieu et Boltanski (1975).

Pour la même raison, mais en tant que produit évolutif cette fois, ce registre de la langue témoigne de la tendance à la généralisation et à la simplification des processus linguistiques des stades antérieurs, il représente la forme contemporaine de l'équilibre des structures et des tendances de la langue. En affirmant ainsi la primauté de ce registre, il ne s'agit pas de nier l'existence aux variétés recherchées de la langue, mais bien plutôt de les remettre à leur juste place, qui n'est pas la première *au point de vue linguistique*, contrairement aux présupposés qui sous-tendent la position abstractionniste.

2.3 - Les structures vivantes de la liaison

Dans la langue parlée courante, on peut facilement observer que les seuls cas catégoriques, absolument constants de liaison sont les suivants, en termes de structure syntaxique de surface 6.

(4)

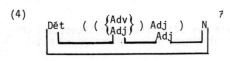

7   trois oranges

mes anciens amis

les bonnes anciennes habitudes

(5) 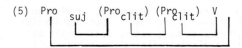   vous‿étiez

nous‿en‿avons

je les‿en‿ai remerciés

Un certain nombre d'autres cas sont flottants ou partiellement figés et présentent la liaison ou non, selon les dialectes :

(6) 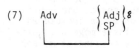   c'est‿une longue histoire

c'est‿André qui arrive

elle est‿à Québec

c'était‿inutile

ils sont‿ensemble

(7) Adv { Adj } 8   très‿utile, très‿à droite
         { SP }
tout‿entier, tout‿à eux

plus‿important, plus‿en demande

(8) 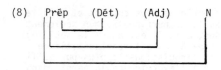   dans‿une boîte

sans‿un sou , sans‿imagination

en‿une nuit, en‿admiration

sous‿aucun prétexte

Dans les cas catégoriques, il est aisé de voir que la liaison s'applique dans les limites précises des constituants SN et V ; SN au sens étroit, c'est-à-dire entre le déterminant et le nom, y compris tout ce qui peut s'y insérer, et V au sens large, c'est-à-dire entre le pronom sujet et le verbe, y compris tout ce qui peut s'y insérer. Dès lors, on peut voir dans le phénomène de la liaison une sorte de soudure syntagmatique, qui découle du fait que les déterminants et les pronoms sujets entretiennent avec le nom et le verbe respectivement des rapports essentiellement clitiques dont la liaison, comme l'élision et le fait de ne pas pouvoir être accentués, sont les marques phonologiques principales. Il en va de même des éléments qui peuvent s'y insérer : entre le pronom sujet et le verbe, les seuls candidats possibles sont les pronoms compléments, clitiques par définition. Entre le déterminant et le nom, le seul candidat possible est un adjectif (un ou plusieurs) éventuellement précédé d'un adverbe qui, partant, lui est clitique. Les adjectifs ont beau ne pas avoir de *forme* clitique, au contraire des pronoms, ils ne se trouvent pas moins en *position* clitique quand ils sont préposés au nom, ce qui se traduit sur le plan sémantique par le fait qu'ils tendent fortement à signifier ce que Guiraud a appelé la "caractérisation inhérente" (cf. le "groupe de sens" unique, contre deux, dans l'analyse logique) par opposition à la caractérisation externe, purement descriptive ou prédicative, typique de la position après le nom. C'est ainsi, en plus du fait que la construction est syntaxiquement marquée, que *un savant Anglais* n'est pas du tout équivalent à *un Anglais savant*.

Le phénomène de la position normale des adjectifs a d'ailleurs des conséquences intéressantes **sur** le plan phonologique, entre autres pour ce qui est des adjectifs à consonne finale exempte de la Troncation, comme *sec, net, direct, exact, neuf* (dans le sens de nouveau), *vif, tardif*, et quelques autres. Il se trouve que ces adjectifs sont postposés dans les constructions non-marquées ; il faut donc compter dès le départ que quand ils se trouvent préposés au nom, cette position même rend la construction marquée et est source d'un effet d'écart sur le plan sémantique comme sur le plan syntaxique, écart qui s'ajoute au statut exceptionnel de ces unités lexicales par rapport à la Troncation. La position de ces adjectifs devant le nom semble favorisée si le SN en cause est très développé, par exemple s'il comprend en plus de l'adjectif un complément de nom ou une relative, mais cette question est finalement extérieure à ce qui nous occupe ici. Toute la question est en effet de savoir s'il existe dans ces cas un écart concomitant dans le comportement phonologique de ces adjectifs.

Il semble que ça soit effectivement ce qui se produit, mais seulement pour la forme masculine, précisément quand leur consonne exempte de la Troncation est en position finale absolue. Ainsi, dans les deux phrases suivantes où l'adjectif est au féminin, c'est seulement sur le plan syntaxique et le plan sémantique que se manifeste cet écart :

(9)   Le coeur usé par les vives émotions de la veille, ...

Les tardives ententes survenues après le cessez-le-feu ...

Alors que dans les phrases qui suivent, cependant, un fort écart phonologique s'y ajoute quand on fait effectivement la liaison :

(10) Le coeur usé par les vifs émois de la veille, ...

Les tardifs accords survenus après le cessez-le-feu ...

Les nets écarts de revenu séparant les syndiqués des non-syndiqués ...

Ce type de liaison de pluriel a l'air gauche et surfait, et il existe dans la langue une tendance contrariante à ne pas la réaliser même si elle est normalement attendue du strict point de vue phonologique, comme pour ne pas accumuler écart sur écart, en quelque sorte. En fait, tout se passe comme s'il existait une règle de redondance disant que les adjectifs exempts de la Troncation le sont aussi de la Liaison de pluriel, ou encore une condition de structure morphématique sur les groupes consonantiques admissibles : c'est en tout cas ce que démontre le comportement typique des adjectifs numéraux "invariables" dans beaucoup de formes du français populaire. En français québécois, par exemple, si la consonne finale persiste, il n'y aura pas de [z] de pluriel ; si au contraire le numéral fait liaison, c'est que la consonne finale a été tronquée :

(11) [sɛ̃kãfã, sɛtãfã, ɥitãfã] ~ [sɛ̃zãfã, sɛzãfã, ɥizãfã]

      *[sɛ̃kzãfã, sɛtzãfã, ɥitzãfã]

Pour fermer la parenthèse, notons que même les adjectifs qui se terminent par une liquide ou une semi-consonne soumise à la Troncation ne présentent aucun problème phonologique particulier, puisqu'ils constituent tous des exceptions lexicales ou morphologiques bien circonscrites, indépendamment du traitement particulier qu'on en donne (voir *French Phonology and Morphology*, pp 10-11). Au contraire de celle de *pareil*, la semi-consonne finale de *gentil* est tronquée, mais tous les deux font liaison quand ils sont préposés. Le cas des adjectifs en /l/ ou en /r/ est déjà plus spécifique, car la plupart de ces adjectifs sont exclusivement spécialisés à une position par rapport au nom. Mais quand ils sont préposés, les exceptions sont là aussi de type lexical ou morphologique, comme pour *soul* : *premier* ou *dernier* voient leur consonne finale tronquée, mais ils n'en font pas moins liaison au pluriel, tout comme *cher, vil, seul, nul, tel.*

C'est encore la même notion de solidarité syntagmatique qui explique les cas flottants : la copule *être* (entre autres formes le *c'est* dit présentatif) a comme verbe un statut très particulier ; les adverbes préposés sont clitiques par rapport à l'adjectif, les prépositions par rapport au déterminant ou au nom du SN. Que la liaison y soit soumise à des variations dialectales, sociolectales et stylistiques révèle seulement que les rapports de cohésion syntagmatique entre ces divers constituants ne sont pas aussi étroits, pas aussi fondamentaux que ceux qui unissent les constituants du niveau du SN ou du V, qui eux sont en conséquence traités de la même façon par à peu près tous les locuteurs.

Ceci se trouve confirmé par le fait qu'on n'observe jamais dans la langue naturelle de liaison entre d'autres types de constituants, jugés moins ou peu solidaires pour une raison ou une autre. Les cas de liaison qui suivent, quand ils se trouvent, sont le fait uniquement des variétés les plus académiques ou les plus retardataires de la langue ; de ce fait, la plupart résultent en réalité de l'application de diverses règles d'insertion, règles variables très spécifiques et très étroitement contraintes, et n'ont rien à voir avec de supposées consonnes finales sous-jacentes 9.Que de telles règles soient très "coûteuses", "reviennent très cher" à la grammaire est tout ce qu'il y a de plus normal et raisonnable, économiquement parlant : le style recherché est un produit de   grand luxe, et il faut s'attendre à payer le prix fort. C'est dans le style courant, au contraire, qu'on trouve "au prix du marché" les cas linguistiquement normaux de liaison. Comme processus linguistique représentatif, la liaison est exclusivement associée au SN et au V, pour lesquels elle représente une contrainte quasi-catégorique laissant peu de choix au plan structural.

(12)

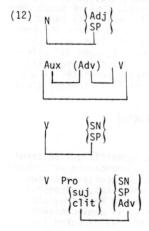

des choses utiles

les moulins à vent

vous avez été

nous sommes allés 9

elle n'a jamais aimé les fraises

vous avez une minute ?

son chien dormait à ses peids

laissez-nous une chance !

donne-les à ta soeur ·

voyez-vous assez clair !

Dans tous les exemples qui précèdent, le fait de référer à la structure de surface plutôt qu'à une étape antérieure quelconque de la dérivation
syntaxique n'est pas le résultat d'un parti pris, mais vient plutôt de la
constatation que la liaison de pluriel, comme la liaison en général, est directement et exclusivement dépendante de la forme syntaxique finale et, naturellement, de la forme phonologique qui y est associée. C'est exactement
ce qui fait la différence entre des phrases qui ont autrement des caractéristiques phonologiques analogues, comme les suivantes :

(13) $\left[\begin{bmatrix}\text{Fais}\end{bmatrix}_V \quad \begin{bmatrix}\text{les}\end{bmatrix}_{\text{Dét}} \quad \begin{bmatrix}\text{assiettes.}\end{bmatrix}_N\right]_{SN}\Bigg]_{SV}$

(14) $\left[\begin{bmatrix}\begin{bmatrix}\text{Fais}\end{bmatrix}_V \quad \begin{bmatrix}\text{les}\end{bmatrix}_{SN}\end{bmatrix}_V \quad \begin{bmatrix}\text{asseoir.}\end{bmatrix}_V\right]_{SN}\Bigg]_{SV}$

La première présente simplement le cas normal de la liaison entre le
déterminant et le nom dans le SN. Au contraire, le pronom clitique de la
deuxième, qui a beau avoir la même forme phonologique que ce déterminant et
qui est aussi dans le même contexte segmental et frontalier, ne fait jamais
liaison (dans les styles non-marqués, au contraire des exemples de (12))
parce qu'il ne répond pas au même signalement syntaxique : ce clitique per-
muté ne peut pas faire liaison parce qu'il se trouve à la limite syntagmatique du constituant. Un exemple comme celui-là est même une espèce de preuve par l'absurde que c'est la structure de surface qui est seule déterminante, vu sa dérivation. Le clitique objet direct *les* est en effet issu du sujet profond de *asseoir* par Montée du sujet et postposition subséquente due
à la construction impérative. Le fait déterminant est que ce clitique complément direct postposé, étant final du constituant V, ne peut faire liaison
avec le constituant suivant, alors que le clitique préposé, lui, fait obligatoirement liaison avec V, quels que soient les antécédents dérivationnels
de ce dernier :

(15)   je les‿attends

        en les‿attendant

        sans les‿attendre

Dans ce sens précis, la phrase *fais-les asseoir* semble montrer que
dans le syntagme verbal, ce qui vient après le verbe principal (y compris
les clitiques sous sa dépendance, s'il y a lieu) est périphérique, de la
même façon que ce qui vient après le nom principal dans le syntagme nominal
est périphérique par rapport à ce nom.

Notons finalement que la liaison de pluriel du clitique complément ne
nécessite l'intervention d'aucune règle autre que la Troncation : son
suffixe de pluriel est réalisé phonétiquement devant le verbe (ou le clitique) à initiale vocalique, ou autrement il est tronqué.

3 - PROPOSITION POUR LE TRAITEMENT DE LA LIAISON DE PLURIEL

A partir des faits essentiels dont on vient de faire la revue, il apparaît nettement que l'utilisation du morphème de pluriel dans les formes de base doit être beaucoup plus restreinte que le suggèrent les travaux de Schane et de ses successeurs Dell et Selkirk à la suite d'une longue tradition.

En réalité, les structures du français actuel n'offrent rien qui justifie de poser un suffixe de pluriel sous-jacent dans les noms, puisque ceux-ci ne font pas liaison dans les styles non-marqués. Dans les adjectifs non plus, puisque la liaison pour eux est uniquement fonction de leur position avant le nom, est liée exclusivement à ce contexte, et qu'ils ne font jamais liaison autrement. La marque de nombre dans le SN est primordialement le fait du déterminant, et ne se trouve qu'accessoirement, de façon redondante, dans l'adjectif ou parfois le nom lui-même (p. ex. *cheval~chevaux*). Si la marque de nombre était en latin un suffixe nominal et adjectival réalisé phonétiquement, toute une évolution phonologique (l'érosion post-accentuelle principalement) et syntaxique (le développement des clitiques nominaux et verbaux, la fixation de la position) depuis longtemps terminée fait qu'en français actuel cette marque est portée exclusivement par le déterminant et ailleurs, bien entendu, par les pronoms clitiques.

L'ensemble des faits m'amène à proposer que l'apparition de la marque de pluriel en liaison, à l'intérieur du syntagme nominal, résulte d'une insertion et non d'un effacement. Cette règle d'insertion, sans doute assez délicate à formaliser, insérera à la fin des adjectifs préposés un segment [z] , pourvu que le constituant suivant (adjectif ou nom) soit à initiale vocalique, l'application de la règle étant déclenchée par la présence dans le SN d'un déterminant pluriel. De façon provisoire, je donnerai à cette règle la formulation suivante :

(16) Insertion de la marque de pluriel

$$\varnothing \quad \begin{bmatrix} z \end{bmatrix} / \begin{bmatrix} X \# \end{bmatrix}_{\substack{\text{Dét} \\ \text{plur}}} \begin{bmatrix} Y \text{—}\# \end{bmatrix}_{\text{Adj}} \left(\begin{bmatrix} \text{- cons} \end{bmatrix} Z \text{—}\# \right]_{\text{Adj}} \right) \begin{bmatrix} \text{-cons} \end{bmatrix}_N \qquad 10$$

condition : X, Y et Z sont de forme quelconque, et Y peut contenir une #.

Le contenu et le rang exact d'une telle règle appellent certains commentaires et soulèvent aussi des questions épineuses. La règle (16) n'est pas phonologique au sens strict, mais est plutôt une règle phonologique conditionnée morphologiquement [11].

Comme telle, on s'attendrait qu'elle s'applique au début de la dérivation phonologique, peu après la fin de la dérivation syntaxique. Le problème, cependant, est que dans certaines constructions le déterminant indéfini aura été effacé en tout ou en partie et ne pourra plus servir de point de référence dans la description structurale de la règle d'insertion :

(17)   Chers_amis, je vous présente Monsieur Untel.

           Quels_objets as-tu transportés ?

           Certains_enfants commencent tôt à parler.

           Elle a quatre belles_oranges *12*.

           Il avançait à grandes_enjambées.

           Une foule de petits_animaux vivent dans les champs.

Au moins deux solutions sont possibles. La première consisterait à as-
sortir la règle d'insertion d'une condition globale sur la dérivation (à la
Lakoff), de telle sorte que l'application de la règle puisse prendre appui
sur les étapes antérieures de la dérivation et, par exemple, invoquer l'existence profonde d'un déterminant pluriel même s'il a été effectivement effacé en cours de dérivation.

Cette hypothèse, toutefois, ne devrait pas à mon sens être retenue.
En effet, le recours à une condition globale permettrait à la limite à
l'Insertion de s'appliquer à la toute fin des règles purement allophoniques,
ce qui lui donne au moins en apparence un statut inférieur, terminal, qui est
incompatible avec la nature morphologique du processus exprimé. La condition
globale, dans ce cas précis, ressemble alors à une échappatoire commode
pour éviter d'accepter toutes les conséquences du principe de l'ordre des
règles, et aboutit plus ou moins à instaurer deux poids et deux mesures : ordonner les règles qui ne font pas problème, et invoquer une condition globale une fois qu'on se trouve dans une impasse. Evidemment, on peut toujours
imaginer un mécanisme supplétif quelconque qui délègue à l'adjectif numéral
(ou interrogatif, ou indéfini), puisque ce dernier est responsable de l'effacement du déterminant, la capacité de servir de point de référence dans
la description structurale de la règle. Mais un tel procédé, même formellement acceptable, ne fait que reporter la solution du problème, changer le
mal de place.

La deuxième solution semble découler plus naturellement du type même
de la règle d'Insertion. Nonobstant le fait qu'elle est définie comme essentiellement phonologique *13*, il s'agit simplement d'ordonner cette règle
parmi les règles syntaxiques, avant celle qui efface le déterminant indéfini
des constructions notées en (17). La "zone frontière" entre syntagme et phonologie n'est pas nécessairement étanche, ni même aussi nettement délimitée
que le suggère la théorie classique, et il est loin d'être impensable que
les faits obligent à formuler certaines règles qui chevauchent les deux domaines ; par exemple, Kayne (1975) a montré que dans les propositions con-
jointes à sujet identique et comportant chacune un pronom clitique coréfé-
rentiel à l'autre, celui du deuxième terme de la conjonction peut être facultativement effacé, même s'il n'a pas la même fonction que le premier, pourvu
qu'ils aient tous les deux la même forme phonologique et phonétique. A preuve, la phrase *Paul nous a frappés et donné des coups de pied*. Dans cette
optique, si on conçoit l'ordre des règles non comme une chaîne de montage
rigide, mais comme l'expression séquentielle d'un ensemble hiérarchisé et
sous-hiérarchisé de processus linguistiques, l'existence de phénomènes com-
posites comme l'effacement du clitique conjoint ou l'insertion de la marque
de pluriel en liaison ne devrait pas surprendre outre mesure.

En faisant de la règle d'Insertion une règle qui s'applique avant certaines règles syntaxiques et avant l'ensemble des règles phonologiques, on a même l'avantage de pouvoir donner au processus une expression plus pertinente. En effet, l'expression (16) décrit de façon encore bien abstraite le premier constituant de la description structurale : [X #] Dét
plur

Or, ce qui en fait un élément primordial du contexte, c'est justement qu'il est le seul dans le syntagme nominal à comporter de façon sous-jacente le suffixe de pluriel /z/ à l'image duquel la règle insère les autres [z] à la fin des adjectifs. Cette première formulation ne met pas en évidence le fait que le segment inséré coïncide avec le suffixe de pluriel 14, a valeur de morphème, et que le résultat de l'application est la marque phonologique d'un phénomène d'accord ; dans ce sens l'Insertion, venant avant l'Effacement du déterminant indéfini et avant la Troncation, peut sans inconvénient prendre pour repère le /z/ du déterminant, sans égard au fait que le segment initial du constituant suivant est une voyelle ou une consonne ; si c'est une consonne, le /z/ du déterminant sera plus tard effacé par la Troncation, et se maintiendra au contraire si c'est une voyelle. Ainsi formulée, la règle exprime le fait qu'un [z] de liaison est inséré, à l'image du /z/ sous-jacent du déterminant, à la fin du constituant adjectif, pourvu que le constituant suivant (nom ou, éventuellement, adjectif) soit à initiale vocalique, en fait soit une voyelle, soit une semi-consonne de développement ancien si ces mots sont de souche française.

En tenant compte de ces remarques, et pour mieux rendre l'aspect d'accord de cette règle d'Insertion, on peut dès maintenant la reformuler comme suit :

(18)   Insertion de la marque de pluriel (nouvelle version)

$$\emptyset \rightarrow [z] \ / \ \underset{\text{Dét}}{[X + z \,\#]} \quad \underset{\text{Adj}}{[Y\_\#]} \quad \left(\underset{\text{Adj}}{\left[[-\text{cons}] \ Z - \# \right]} \right) \quad \underset{N}{\left[-\text{cons} \right]}$$

Condition : X, Y et Z sont de forme quelconque, et Y peut contenir une # 15.

Cette règle catégorique ne rend compte évidemment que des constantes structurales décrites précédemment. Pour ce qui est des cas de liaison socialement ou stylistiquement marqués, ils pourront être pris en charge par une sous-règle variable qui insèrera ensuite la consonne de pluriel entre le nom et l'adjectif postposé ou le syntagme prépositionnel complément (voir en (12)). La partie proprement structurale, catégorique, et la partie stylistiquement ou socialement variable couvrent ainsi tous les cas possibles de liaison du pluriel, mais en donnant à chacun la place qui lui revient de par son statut structural. C'est le statut structural exact d'un processus linguistique qui est le critère primordial, nonobstant l'économie méthodologique souhaitable dans l'expression formelle des règles et dans l'établissement des formes de base. C'est d'ailleurs justement le statut exact d'un processus linguistique qui doit déterminer la part respective qui revient aux formes de base et aux règles dans son expression, plutôt que la conception du monde implicite ou explicite du linguiste qui le codifie. Ce partage, en effet, ne saurait être arbitraire, puisqu'il dépend comme tout le reste des conditions linguistiques et sociales spécifiques à ce processus.

Voici deux courtes dérivations à titre d'exemple :

(19)

	(le+z #)	((tut #)	(pətit #))	(ãfãt #))
	Dét	Adv	Adj Adj	N SN
Insertion a) b)			z	
Troncation	∅	∅	∅	
Eff. c. fin.	le #	tu #	pəti +z#	ãfã ∅ #

(20)

	((de+z #)	(kamaradə #)	(ãglɛz #))
	Dét	N	Adj SN
Insertion a) b)		z	
Troncation	∅		
Eff. c. fin.	de #	kamaradə+z#	ãglɛ ∅ #

4 - LA TRONCATION ET L'EFFACEMENT DE LA CONSONNE FINALE

Même dans l'hypothèse où les règles de Troncation et d'Effacement de la consonne finale sont gardées telles quelles, la dérivation des faits de liaison dans ce cadre nouveau se trouve extrêmement simplifiée. Le seul fait de considérer le morphème de pluriel des noms et des adjectifs comme étant le résultat d'une insertion plutôt qu'une donnée de base permet de se dispenser du cycle, rendu nécessaire dans les règles de Schane par la seule présence du /S/ suffixe de pluriel.

La Troncation telle que formulée par Schane atteint à une grande généralité en logeant à la même enseigne à la fois l'absence de liaison et l'élision, dont elle fait un phénomène d'accord en consonanticité entre les segments final et initial qui jouxtent une frontière de morphème ou de mot. A cause de cela, elle a été construite comme règle à valeurs bipolaires et a par la suite acquis en tant que telle un mérite exemplaire dans le monde de la phonologie.

En y regardant de plus près, la symétrie absolue entre les segments dont les valeurs sont inverses pour les traits consonantique et vocalique - symétrie qui fonde en droit la règle - n'est pas aussi réelle que les apparences le montrent. En effet, si sa moitié consonantique est d'une généralité sans limites (toutes les catégories grammaticales en sont affectées 16 en n'importe quel point de la chaîne phonologique) sa moitié vocalique est beaucoup trop générale pour les faits qu'elle recouvre : en réalité, ne sont sujets à la Troncation que schwa final, le /a/ de l'article et du pronom *la*, et très marginalement le /i/ de la conjonction *si* devant *il(s)*. Pour corriger la trop grande généralité de la règle, Schane rajoute la mention [-accentué], qui s'applique de façon redondante à la version consonantique de la règle. De toute façon, une partie du problème vient de l'utilisation très latinisante du trait [accentué], et qui consiste à définir comme [+ accentué] toutes les voyelles finales sauf schwa dans le lexique, pour ensuite faire disparaître par règle tous ces accents dans la chaîne phonologique, sauf celui qui se trouve à la fin du syntagme. Cette position, elle aussi, est abusivement abstractionniste quand on pense qu'en français actuel l'accent n'est absolument pas lié au mot mais au syntagme, tout au moins à des unités débordant le mot si elles restent parfois en-deçà du syntagme au sens strict. Dans ce sens, la seule façon raisonnable de construire la ou les règles chargées d'attribuer cet accent dont la fonction première est "prosodique" devra faire appel aux limites syntagmatiques en mentionnant expressément les catégories syntaxiques nécessaires. A cette fin, il est en bonne logique beaucoup plus "simple" de mettre une fois pour toutes l'accent à la bonne place que d'en mettre d'abord partout pour ensuite effacer la majorité d'entre eux parce qu'ils sont en surnombre. Incidemment, une telle règle d'effacement comporterait fatalement un contexte négatif et devra forcément faire référence aux mêmes catégories déterminantes que la règle d'attribution unique, par exemple "effacer l'accent d'abord attribué partout, sauf aux limites syntagmatiques pertinentes".

Parallèlement, beaucoup de règles phonologiques qui utilisent l'accent préexistant de Schane comme contexte déterminant devront être reformulées selon la position dans le mot de la voyelle à accentuer, à l'exception des éléments clitiques (déterminants, pronoms, prépositions, etc.).

En formulant ainsi la Troncation, Schane a été contraint d'établir parallèlement une règle distincte d'Effacement de la consonne finale, phénomène pourtant très étroitement lié à la Troncation proprement dite *17*. La règle elle même, qui n'est pas donnée formellement (voir en (2)), est très hétéroclite : une consonne finale s'efface obligatoirement en finale de syntagme et dans un nom singulier, et facultativement dans un nom pluriel.

La portion facultative de la règle est en fonction exclusive de l'effacement du suffixe de pluriel /S/ dans le cas normal, stylistiquement non-marqué, du nom pluriel ne faisant pas liaison avec l'adjectif qui suit. J'ai discuté plus haut de son caractère faussement facultatif (voir en 2.2), et dans l'optique de l'Insertion, cette portion de la règle n'a plus de raison d'être de toute façon.

La portion catégorique est elle-même plus ou moins boiteuse ; d'abord, même si les contextes déterminants sont franchement syntaxiques, le premier est presque donné pour phonologique, par l'insistance mise sur le fait qu'il répond aux mots cités isolément ou mis en fin d'énoncé, c'est-à-dire qu'il est avant tout présenté comme une affaire de limite extrême de la chaîne phonologique. Il est pourtant dit ailleurs dans le texte (p. 12) que cet effacement ne dépend pas du contexte *segmental*. D'autre part, la mention expresse des noms singuliers vise à exclure l'effacement dans les adjectifs préposés au nom, alors qu'en finale de syntagme n'importe quelle catégorie grammaticale verra sa consonne effacée ; ailleurs dans le texte (p. 13), on trouve le commentaire ambigu que la règle est restreinte au nom singulier (obligatoirement) et pluriel (facultativement). Encore ici, deux poids et deux mesures.

Dans sa thèse de 1970, Dell a critiqué à raison les règles de Schane comme ne tenant pas compte du parallelisme de l'effacement devant une consonne et en finale de syntagme ou d'énoncé. Pourtant, lui-même propose de les remplacer par les deux règles suivantes (p. 68), toutes deux obligatoires :

(21) Liaison

$$[- \text{syll}] \quad \# \quad [+\text{syll}]$$
$$1 \qquad 2 \qquad 3 \rightarrow 2 \quad 1 \quad 3$$

(22) Troncation

$$[- \text{sonantique}] \rightarrow \emptyset \quad / \text{———} [- \text{sonantique}]_0 \, \# \quad 18$$

Si sa règle de Troncation parvient à une belle simplicité, c'est au prix d'une sérieuse entorse et à la réalité linguistique, et aux restrictions admises sur les transformations. En effet, s'il peut se permettre de n'amputer les consonnes qu'à la finale des mots indépendamment de la position de ces derniers, c'est qu'il soustrait d'avance à l'action de sa règle toutes les consonnes suivies d'une voyelle initiale de mot suivant, de telle sorte que la Liaison déprive la Troncation. Linguistiquement et formellement, cette liaison elle-même est très suspecte en ce qu'elle consiste à faire permuter un segment et une frontière de mot. Linguistiquement parlant, la réalité d'un tel procédé est loin d'être démontrée ; il revient en effet à faire passer pour profond un phénomène en réalité soumis aux conditions de structure phonétique de surface, et qui consiste en un simple réarrangement phonétique de syllabation, c'est-à-dire une adaptation superficielle qui n'implique aucun changement que ce soit dans le découpage de la forme lexicale des constituants. Que tous les francophones scandent *les petits enfants* en [le pti zã fã] ou [le pə ti zã fã] et y voient tous le même nombre de syllabes, selon le cas, ne prouve en rien que la limite des mots est variable en français, mais démontre tout au plus qu'il existe dans cette langue une contrainte superficielle de syllabation qui privilégie les séquences de syllabes ouvertes successives, de type CVCV ...

A cause du caractère restreint de la troncation vocalique par rapport à la troncation consonantique, et à cause du caractère homogène de celle-ci où qu'elle se produise, la solution la plus satisfaisante consisterait à soumettre à l'action d'une seule règle l'effacement des consonnes devant consonne et en finale de syntagme, et de faire une règle à part avec l'élision. C'est d'ailleurs cette solution qu'a adopté Schane par la suite (voir Schane (1974)), mais sans aller assez loin, à mon sens, quand il a reformulé deux nouvelles règles :

(23) Troncation (nouvelle version)

$$\begin{bmatrix} +\text{cons} \\ -\text{voc} \end{bmatrix} \rightarrow \emptyset \, / \text{———} [- \text{seg}] \begin{Bmatrix} C \\ \# \end{Bmatrix}$$

(24) Elision

$$\begin{bmatrix} -\text{cons} \\ +\text{voc} \end{bmatrix} \rightarrow \emptyset \, / \text{———} [- \text{seg}] \, (\#) \, V$$

S'il y a un progrès notable *19*, il reste encore des lacunes : dans les deux règles on traite comme phonologique la frontière de syntagme en la notant avec deux frontières de mot plutôt qu'une. Ainsi la forme normale, sans liaison, de *des camarades anglais* est due à ce que le nom et l'adjectif sont séparés par ⧣ ⧣⧣, alors que la forme marquée avec liaison ne comprend qu'une ⧣⧣ entre ces mots. Cette solution me semble fondée sur un artifice de notation uniquement ; si la limite de syntagme a un statut phonologique quelconque au-delà de sa définition proprement syntaxique, il est difficile d'imaginer qu'elle se manifeste autrement que par des traits premièrement prosodiques : rupture d'intonation, pause virtuelle, démarcation par l'accent, etc.., qui d'ailleurs dépendent eux-mêmes des caractéristiques syntaxiques de la phrase. Sinon, pourquoi ne pas le dire carrément, et faire explicitement référence à ces catégories. D'autre part, la première règle ne prévoit pas l'effacement de la consonne dans les noms singuliers internes de syntagme, comme dans *un plat à viande,* par exemple. Finalement, la règle d'élision est encore trop générale en s'appliquant à n'importe quelle voyelle et en laissant aux règles d'accentuation et à la règle plus tardive d'Effacement de schwa le soin d'y apporter les restrictions nécessaires *20*.

A mon avis, il faut plutôt faire appel au statut d'abord syntaxique de la limite de syntagme et en faire mention expresse dans la règle ; ainsi, la finale consonantique s'effacera devant l'initiale consonantique du mot suivant et à la fin de tout syntagme, y compris une disposition particulière pour le nom. Même à ce compte, le nom n'est pas à proprement parler une exception,mais le nom principal du syntagme dans un SN complexe, plutôt, marque lui-même une limite virtuelle de syntagme, en ce sens que ce qui vient après le noyau de syntagme est à considérer comme périphérique, sinon franchement externe au syntagme nominal (adjectifs, compléments déterminatifs, relatives, etc..). C'est probablement la façon la plus adéquate de traiter l'absence de liaison consonantique dans des syntagmes comme *un tapis usé* ou *il est étudiant à l'université.*

(25) $\begin{bmatrix} +\text{cons} \\ -\text{voc} \end{bmatrix} \rightarrow \emptyset \ / \ \underline{\hspace{3cm}} \quad \begin{bmatrix} -\text{segmental} \end{bmatrix} \begin{Bmatrix} \text{C} \\ \text{SX, N}_{\text{princ}} \end{Bmatrix}$

Autrement dit, une vraie consonne s'efface devant une frontière suivie d'une consonne, ou devant une frontière qui marque la fin d'un syntagme quelconque ou la fin du nom principal d'un syntagme nominal.

5 - CONCLUSION

L'examen des structures vivantes de la liaison de pluriel en français contemporain m'a amené à l'interpréter comme le résultat d'un processus d'insertion et non pas d'effacement, processus qui s'exprime sous la forme d'une règle phonologique conditionnée morphologiquement et syntaxiquement. Le statut mixte de cette règle s'accorde avec le fait que la liaison est un signe phonologique de cohésion syntagmatique, plus précisément une marque phonologique de cliticisation.

En fait, le choix de traiter le phénomène par insertion plutôt que
par effacement ne repose pas fondamentalement sur des considérations techni-
ques visant à l'économie purement quantitative, mais bien plutôt sur un
certain nombre de jugements préalables quant à la nature et au statut des
faits à décrire. Par exemple, l'analyse relativement "concrète" que je propose a le "désavantage" technique de poser une règle distincte d'Insertion
de la marque de pluriel qui se trouve faire concurrence à la règle de Troncation, mais je prétends qu'une telle analyse rend mieux compte et de la
nature linguistique de la liaison de pluriel, et de sa différentiation so-
ciolectale. Au contraire, une position "libérale" de type abstractionniste
nie à toutes fins pratiques la différenciation sociale du langage en le réduisant à sa fonction de communication stricte, en admettant indifféremment
toutes les variantes stylistiques, dialectales et sociolectales sur un pied
d'égalité, pour peu qu'elles soient le moindrement distinctes dans leur forme phonétique. A partir de là, il est forcé que la forme sous-jacente appe-
lée à expliquer toutes les variantes comporte les caractéristiques supplémentaires des variantes les plus archaïques et les plus conservatrices, en
l'occurrence celles qui contiendront le plus de segments consonantiques fi-
nals. La position abstractionniste invoque de plus que la règle de Troncation se justifie par ailleurs pour lui faire faire le travail d'effacer aussi le
segment suffixe de pluriel ainsi créé. Dans ces conditions, il est forcé aussi que la règle posée comme synchronique coïncide largement avec la règle
diachronique attestée qui efface les consonnes finales : non seulement cette
coïncidence ne suffit pas à valider l'analyse, mais elle devrait justement
suffire à la faire suspecter de déterminisme historique. Les tenants de l'abstractionnisme se montrent d'ailleurs inconséquents dans la mesure où l'argument historique n'est pas utilisé de façon systématique : on s'en sert
pour expliquer les régularités mineures, marginales, fossiles contenues
dans la conjugaison, par exemple, mais il n'intervient plus pour expliquer
d'autres régularités tout aussi exceptionnelles (ou les irrégularités, selon les dialectes), par exemple celles du comportement des numéraux cardinaux.

De toute façon, il faut bien dire que l'argument des règles nécessaires par ailleurs comporte un sérieux risque de circularité : d'une part, il
ne justifie pas en lui-même une forme sous-jacente, et d'autre part, de
maximiser le rendement d'une règle n'en justifie pas l'existence, mais dé-
place plutôt la question vers un autre point du système, justement là où
elle est posée comme nécessaire.

Avec des arguments comme ceux-là, la position abstractionniste aboutit globalement à affirmer que le langage est un tout rigoureusement homogène, fixé dans le temps une fois pour toutes, et qui ne se différencie qu'ac-
cidentellement selon les dialectes géographiques et les dialectes sociaux,
que le langage n'est pas une institution sociale soumise comme toutes les
autres à l'influence parfois déterminante du politique, de l'économique et
du culturel. Sa prétention à représenter "adéquatement" le modèle de compétence du supposé "locuteur idéal" s'en trouve d'autant affaiblie.

A l'opposé, j'espère avoir montré que si la liaison de pluriel s'explique historiquement par une règle d'effacement, l'explication synchronique du phénomène doit se faire par une règle d'insertion ; cette évolution
correspond exactement à la notion de renversement des règles dans le temps
décrite par Vennemann (1972), et appliquée au français par Klausenburger
(1974).

J'aimerais préciser trois points pour terminer. D'abord, une position abstractionniste radicale est aussi insoutenable qu'une position concrète radicale, et c'est un faux problème que de poser la question dans ces termes. Le langage humain est de nature abstraite de toute manière, et si elles étaient seulement possibles, la première position aboutirait à une description de type logique universel sans rapport avec son objet spécifique défini en termes phonologiques, et la seconde à une collection impressionniste d'observations subjectives sans objet propre non plus, puisqu'elles n'auraient pas de valeur de généralité, même de généralité phonétique au sens étroit.

Deuxièmement, l'analyse relativement concrète que je propose ne prétend pas décrire toute la réalité une fois pour toutes. D'une part, en effet, la règle proposée ne rend compte que de la portion catégorique de la liaison de pluriel contemporaine ; la portion qui est sujette à la variation sociale et stylistique n'est pas formulée telle quelle, sinon par quelques indications : elle demande en effet un examen approfondi qui dépasse largement le cadre de cette étude. D'autre part, la forme même de cette règle s'inscrit dans les limites d'un modèle linguistique déterminé, sans préjudice aux autres formes qu'elle pourrait prendre : elle ne prétend pas représenter exactement ni nécessairement la compétence des locuteurs adultes, et encore moins l'acquisition de cette compétence par les locuteurs enfants. Son degré de complexité formelle quelconque, à ce compte-là, ne joue ni en sa faveur, ni en sa défaveur.

Troisièmement, cette analyse relativement concrète trouve sa motivation dans une tentative proprement scientifique de se dégager autant que possible de tout a priori de nature idéologique ; le fait de trouver son point d'appui dans la langue la plus courante ne saurait être interprété ni comme une position révolutionnaire, ni comme une position étroitement populiste.

Il n'y a rien de révolutionnaire à réaffirmer le primat de la langue parlée sur la langue écrite ou celui de la langue actuelle sur celle des stades antérieurs, et il n'est pas utile d'épiloguer là-dessus. La position relativement concrète développée dans le texte n'est pas inspirée non plus par un populisme iconoclaste dont le but ultime serait le nivellement par le bas, ou pire, l'obscurantisme. Si la méthode qu'elle implique reconnaît comme seuls faits représentatifs ceux de la langue parlée courante et préconise ainsi une norme *linguistique* (et non une norme *sociale*) qui va à contre-courant de la norme reçue, ce n'est pas à l'exclusion des faits linguistiques secondaires ou marginaux (que leur détermination soit d'origine géographique ou sociale, ou qu'elle résulte d'un complexe de plusieurs facteurs), mais en leur attribuant, de la manière la plus conséquente possible, une place secondaire dans le sous-système de la liaison de pluriel. De plus, je ne prétends pas proposer ici une analyse sociologique, mais tout au plus une analyse linguistique préliminaire qui tente d'intégrer certains facteurs sociolinguistiques, sans rien présumer du statut social qui est attribué ou de l'utilisation sociale qui est faite de telle ou telle variété linguistique. Dans ce sens même, mon analyse peut contribuer à lancer parmi les linguistes un débat devenu nécessaire.

1 - L'expression de cette deuxième règle dans Schane est verbale et non formelle. Pour le reste, le symbolisme est repris de son livre tel quel.

2 - Le /S/ final de *anglais* n'est pas effacé à la première application, puisqu'on est encore au niveau du mot, et que la règle à cette étape ne s'applique qu'aux noms. Il le sera au deuxième tour, même s'il s'agit d'un adjectif, car il est cette fois final de syntagme.

3 - *How Abstract is Phonology ?*, Indiana University Linguistics Club,1968. Il faudrait cependant assouplir cette condition pour y intégrer la notion de *transfert*, qui ne peut être considérée comme une neutralisation absolue, contrairement à ce que pensait Hyman (1970) en présentant les faits du noupé comme objection à la condition de Kiparsky. Cette langue africaine comporte un système vocalique à cinq éléments, phonétiquement [i] , [e] , [a] , [o] , [u]. Les consonnes vélaires sont palatalisées devant voyelle antérieure et labialisées devant voyelle postérieure, mais s'opposent entre elles et à la vélaire simple devant [a] , où on trouve [kʸa] : [kʷa] : [ka] . Pour des raisons de symétrie (les voyelles mi-ouvertes sont des cases vides) et à cause d'autres faits pertinents dans la langue, Hyman opte à raison pour la solution qui consiste à interpréter cette triple opposition comme étant l'opposition profonde /kɛ/ : /kɔ/ : /ka/ et établit une règle d'ouverture des mi-ouvertes qui entraîne la neutralisation de /ɛ/,/ɔ/&/a/ en [a],plutôt que de poser des vélaires palatalisées et labialisées distinctes en profondeur, ou que de distinguer arbitrairement trois /a/ dans le lexique.

4 - Plus probablement /amik + S ≠ɬ/, puisque l'auteur affirme ailleurs la validité à part entière de l'alternance *ami~amical* comme faisant partie du vocabulaire naturel, non-savant.

5 - Si /S/ est posé comme morphème distinct, l'analyse de *des* en /deSɬ/ serait avantageusement remplacée par l'analyse en /də+Sɬ/,sur la base de l'alternance *de grands enfants~ des grands enfants*, parallèle à l'alternance de *le~les*.

6 - Sans tenir compte, évidemment, des liaisons des expressions figées ou lexicalisées comme *chez elle, nous autres, accent aigu, Champs Elysées*, etc., ni du fait que la rupture entre le niveau linguistique et le niveau métalinguistique empêche la liaison (et l'élision), par exemple dans les formes citées ou les interjections.

7 - Noter que les adjectifs doivent être simplement juxtaposés, immédiatement adjacents ; la coordination bloque la liaison, même en ne changeant pas essentiellement la structure en constituants immédiats. Ces adjectifs doivent aussi être simples, et non dérivés d'une autre catégorie grammaticale ; de toute façon, un participe passé devenu adjectif ne peut pas à toutes fins pratiques être antéposé au nom, à plus forte raison dans le registre courant.

8 - Les adverbes qui font liaison sont de type simple, non-dérivé, et de position habituellement clitique. Si des adverbes comme *toujours*, *jamais* ou *trop* ne font pas liaison, ce n'est pas faute de répondre à ces conditions, mais bien plutôt parce qu'ils ne comportent pas dans leur forme lexicale de consonne finale sujette à la Troncation. Les

adverbes en -*ment* ne font jamais liaison en français courant, peut-être parce qu'ils sont de nature secondaire, dérivée, et très probablement parce qu'ils ne comportent pas non plus de consonne finale sous-jacente, étant donné qu'ils tendent à l'invariabilité phonétique dans la langue courante.

9 - Voir la note *8* et la section *3* , en particulier la note *11*.

10 - La mention [-cons] recouvre à la fois les voyelles et les semi-consonnes de développement ancien, qui font liaison et élision comme les voyelles : *les petits_oiseaux, ses grands_yeux*. Au contraire, les mots à initiale semi-consonantique d'origine étrangère, plus récente, seront lexicalement marqués comme ne subissant pas l'insertion de la liaison.

11 - De façon exactement parallèle, c'est une règle catégorique similaire qui insèrera à la fin des verbes, quand le clitique sujet dans l'interrogation (et même dans l'inversion dite stylistique, qui est marquée syntaxiquement, mais neutre au point de vue phonologique, car la liaison y est identique à celle de l'interrogation) ou les clitiques compléments *en* ou *y* dans l'impératif auront été inversés par rapport à ces verbes, le [t] de liaison de 3e personne ou le [z] de 1re et 2e personne :
Vient_elle ?
Peut être aura-t_il préféré rester chez lui
Mettons_y toute l'attention voulue
Donnes_en une à ta petite soeur
Prenez_en bien soin !

C'est tout probablement **ce** [z] de 2e personne que le français populaire insère aussi entre *moi* ou *toi* et en ou *y* dans les impératifs *donne-moi-z-en, garde-toi-z-en, regardez-moi-z-y donc l'air* ! Ces formes, pourtant seules normales en français (*donne-m'en* présente après le verbe le clitique *me* de forme exclusivement préverbale) mais socialement jugées comme irrecevables, sont très révélatrices ; le lieu syntaxique même où se produit cette liaison, non à la fin du verbe mais entre les deux clitiques qui suivent immédiatement (et dont le premier ne comporte pas de consonne finale sous-jacente), indique nettement l'action d'une insertion, et non d'un effacement. Incidemment,ces faits tendent à confirmer l'hypothèse de Kayne (1975) selon laquelle les pronoms clitiques, quelle que soit leur position, sont immédiatement dominés par V plutôt que par SV. Une sous-règle variable de cette règle catégorique se chargera ensuite de l'insertion dans les cas de liaison marqués, comme entre le V et le SN ou le SP ou l'adverbe qui suit (sauf à la 1re et à la 3e personne du singulier, pour tous les verbes du premier groupe à l'indicatif présent (*j'arrive, il arrive*), plus *avoir* (*j'ai, il a*), et pour tous les verbes au futur). Ainsi, comme pour le présumé suffixe de pluriel des noms et des adjectifs, rien dans les faits vivants du français actuel n'autorise à poser un suffixe consonantique de personne dans les formes verbales conjuguées.

12 - Il est intéressant et utile de rappeler ici encore que le français populaire étend souvent l'application de la règle d'Insertion aux numéraux "invariables" *quatre, cinq, sept, huit, neuf*.

13 - Le changement structural de la règle d'Insertion n'est pas purement phonologique, le segment inséré ayant en même temps valeur de morphème (voir la note *14*).

14 - La création d'une frontière de morphème simultanément à l'insertion du segment est, à mon avis, un problème purement formel, technique. On peut imaginer qu'elle se produit automatiquement, le segment inséré à la fin du mot ayant aussi statut de morphème.

15 - La deuxième partie de la condition devient en fait inutile si on compte que la suite adverbe-adjectif s'analyse aussi comme adjectif. Dans la définition du déterminant, il vaudrait sans doute mieux garder la mention pluriel, même si elle est redondante par rapport à celle du /z/, étant donné que la forme phonologique des morphèmes est encore indéterminée, théoriquement, au moment où la règle s'applique, c'est-à-dire avant la fin du traitement syntaxique aboutissant à la forme syntaxique de surface et à la forme phonologique qui lui est associée.

16 - Excepté un certain nombre d'unités lexicalement marquées comme telles (épithètes : *sec, vif* et numéraux : *cinq, six, sept, huit, neuf* ; noms: *chef*, et au singulier *boeuf* ; prépositions : *avec*, etc.).

17 - Assez curieusement, le fait que les mots qui font exception à la Troncation font aussi exception à l'Effacement de la consonne finale est pris par Schane pour une indication de plus qu'il s'agit bien de deux procédés distincts, et fait l'objet d'une règle de redondance spéciale (p. 9). Non l'inverse, mais il s'agit du cas spécial des numéraux comme *six* et *dix*, dont la consonne finale alterne en [s~z~∅] .

18 - La mention [- sonantique]$_b$ est exprimée pour tenir compte d'alternances comme *respect~respecter, contrat ~ contractuel*.

19 - Pour les règles uniquement, car le morphème de pluriel est conservé dans les formes de base des noms et des adjectifs.

20 - Je ne ferai pas de critique à part pour la thèse de Selkirk (1972). Bien qu'elle reconnaît la détermination syntaxique des faits de liaison, celle-ci défend une position essentiellement abstractionniste en posant comme Schane un suffixe de pluriel sous-jacent pour les noms et un suffixe sous-jacent de personne verbale, et en posant des règles d'adaptation qui modifient le type ou le nombre des frontières en présence. Elle préconise également des règles distinctes et cycliques pour la Troncation et l'Effacement de la consonne finale.

REFERENCES BIBLIOGRAPHIQUES

BOURDIEU, Pierre et BOLTANSKI Luc - 1975 - "Le fétichisme de la langue et l'illusion du communisme linguistique", *Actes de la recherche en sciences sociales*, n° 4, pp. 2-32, Paris.

CHOMSKY, Noam et HALLE Morris - 1968 - *The Sound Pattern of English*, Harper & Row, New-York.

CREORE, Jo Ann - 1974 - "French Phonology and Morphology Revisited", *Revue canadienne de linguistique* 19 : 2, pp. 107-20.

CROTHERS, John - 1971 - "On the Abstractness Controversy", *POLA Reports* 2 : 12, Berkeley. Republié par l'Indiana University Linguistics Club, Bloomington.

DELL, François - 1970 - *Les règles phonologiques tardives et la dérivation morphologique en français*, thèse de doctorat inédite, MIT, Cambridge.

    - 1973 a - "E muet : fiction graphique ou réalité linguistique ?", *A Festschrift for Morris Halle*, Anderson et Kiparsky, éd., Holt, New-York.

    - 1973 b - *Les règles et les sons*, Hermann, Paris.

DERWING, Bruce L. - 1973 - *Transformational Grammar as a Theory of Language Acquisition : A Study in the Empirical, Conceptual and Methodological Foundations of Contemporary Linguistic Theory*, Cambridge University Press.

HARMS, Robert - 1973 - "How Abstract is Nupe ?", *Language* 49 : 2, pp. 439-447.

HETZRON, Robert - 1972 - "Phonology in Syntax", *Journal of Linguistics* 8 : 2, pp. 251-265.

HYMAN, Larry - 1970 - "How Concrete is Phonology ?", *Language* 46 : 1, pp. 58-77.

    - 1973 - "Nupe Three Years Later", *Language* 49 : 2, pp. 447-453.

JENSEN, John T. - 1974 - "How Abstract is Abstract ?", *Glossa* 8 : 1, pp. 247-260.

KAYNE, Richard S. - 1975 - *French Syntax : The Transformational Cycle*, MIT Press, Cambridge.

KIPARSKY, Paul - 1968 a - "Linguistic Universals and Linguistic Change",
Universals in Linguistic Theory, Bach et Harms, éd., Holt, New-York.
Repris dans *A Reader in Historical and Comparative Linguistics*,
Alan Keiler, éd., Holt, New-York, 1972.

- 1968 b - *How Abstract is Phonology ?*, Indiana University Linguistics Club, Bloomington.

- 1972 - (1969) - "Explanation in Phonology", *Goals of Linguistic Theory*, Stanley Peters, éd., Prentice Hall, Englewood Cliffs.

KLAUSENBURGER, Jürgen - 1974 - "Rule Inversion, Opacity, Conspiracies :
French Liaison and Elision", *Lingua* 31, pp. 167-179.

- 1976 - "French Linking Phenomena : A Natural Generative Analysis", communication au congrès d'été de la LSA, Oswego.

LABOV, William - 1972 a - (1968) - "Hypercorrection in the Lower Middle Class
as a Factor in Linguistic Change", *Sociolinguistic Patterns*, University of Pennsylvania Press, Philadelphie.

- 1972 b - (1969) - "The Internal Evolution of Linguistic Rules", *Linguistic Change and Generative Theory*, Stockwell et Macaulay, éd., Indiana University Press, Bloomington.

- 1972 c - "Methodology", *A Survey of Linguistic Science*, William Orr Dingwall, éd., University of Maryland Press, College Park.

OHALA, Manjari - 1973 - "The Abstractness Controversy : Experimental Input
from Hindi", Indiana University Linguistics Club, Bloomington.
Repris dans *Language* 50 : 2, pp. 225-236, 1974.

PERLMUTTER, David M. - 1970 - "Surface Structure Constraints in Syntax",
Linguistic Inquiry 1, pp. 187-255.

POSTAL, Paul M. - 1968 - *Aspects of Phonological Theory*, Harper & Row,
New-York.

SCHANE, Sanford A. - 1968 a - *French Phonology and Morphology*, MIT Press,
Cambridge.

- 1968 b - "On the Non-Uniqueness of Phonological Representations", *Language* 44 : 3, pp. 709-717.

- 1972 - "How Abstract is French Phonology ?", *Generative Studies in Romance Languages*, Casagrande et Saciuk, éd., Newbury House, Rowley (Mass.). Repris en traduction française dans *Langages*, n° 32, 1973.

- 1973 - (1970) - "The Treatment of Phonological Exceptions :
The Evidence from French", *Issues in Linguistics*, Braj B. Kachru et coll. , éd., University of Illinois Press, Urbana.

- 1974 - (1972) - "There is no French Truncation Rule", *Linguistic Studies in Romance Languages*, R. J. Campbell et coll., éd. Georgetown University Press, Washington.

SELKIRK, Elizabeth O. - 1972 - *The Phrase Phonology of English and French*, thèse de doctorat inédite, MIT, Cambridge.

- 1973 - et Roger Vergnaud "How Abstract is French Phonology ?", *Foundations of Language* 10 : 2, pp. 249-254.

SHIBATANI, Masayoshi - 1973 - "The Role of Surface Phonetic Constraints in Generative Phonology", *Language* 49 : 1, pp. 87-107.

SKOUSEN, *Royal* - 1973 a - "Evidence in Phonology", *Studies in Generative Phonology*, Charles W. Kisseberth, éd., Linguistic Research, Edmonton.

- 1973 b - *On the Nature of Morphophonemic Alternation*, Indiana University Linguistics Club, Bloomington.

VENNEMANN, Theo - 1972 - "Rule Inversion", *Lingua* 29 : 3-4, pp. 209-242.

WANG, William S.-Y. - 1969 - "Competing Changes as a Cause of Residue", *Language* 45, pp. 9-25.

WOLFRAM, Walt et Ralph W. Fasold - 1974 - *The Study of Social Dialects in American English*, Prentice Hall, Englewood Cliffs.

ZWICKY, Arnold - 1973 - "The Strategy of Generative Phonology", *Working Papers in Linguistics*, n° 14, Ohio State University, Columbus.

INFORMATION, INTONATION ET SYNTAXE EN FRANÇAIS

Guy et Marie-Christine HAZAEL-MASSIEUX

Laboratoire associé au CNRS n° 261 (Structures intonatives
et intelligibilité de la parole)

L'étude de l'intonation, longtemps laissée aux phonéticiens, s'est
vu attribuer une place importante dans les préoccupations des grammairiens
avec les théories génératives. Quand on parle d'intonation et syntaxe, désormais, on se demande à quel niveau de l'analyse syntaxique faire intervenir l'étude de l'intonation, Ne conviendrait-il pas plutôt - et ce sera ici
notre propos - de se demander à quel niveau de l'étude de l'intonation faire intervenir l'analyse syntaxique ?

C'est la théorie de l'information qui, au centre du débat, permettra
ce renversement de perspective. Partant de la définition fonctionnelle du
langage, on tentera de définir une unité fonctionnelle de communication et
d'analyser les types d'intonations qui peuvent lui être attribués en français. On entreprendra dès lors l'analyse morpho-syntaxique de cette unité,
la période, en rendant compte de sa constitution dans le discours.

I - COMMUNICATION, SITUATION ET INFORMATION

La fonction essentielle du langage est de communiquer de l'information.
On parle *pour* dire quelque chose. Même quand on parle - comme on dit parfois - "pour ne rien dire", on dit encore quelque chose, même si ce quelque
chose a une valeur informative très faible. L'information à transmettre est
la visée de la communication.

Mais parler d'information, c'est faire référence à une autre notion :
la situation. L'information d'un message ne peut être appréciée qu'en situation. Dans telle situation, un message pourra être chargé d'une forte valeur informative. L'information contenue dans ce même message, dans une autre situation, pourra être presque nulle. Parler d'information, c'est faire
référence à la situation dans laquelle le message est transmis.

Précisons tout de suite qu'*il n'y a de message qu'en situation* : il n'y
a pas des "phrases en situation" et des "phrases hors situation" selon la
dichotomie proposée parfois. Tout message est intégré en situation, mais
le rôle de cette situation est plus ou moins important selon l'importance
du contexte. On appelle *contexte* l'explicitation de la situation dans le
message linguistique. Plus le contexte linguistique est important, moins la
référence implicite à la situation est nécessaire. Dans le discours réel
on ne se permet ces références à la situation hors de toute explicitation
linguistique, que si les "connivences" sont claires entre locuteur et audi-
teur, s'il n'y a pas d'ambiguïté possible. C'est à partir de la situation

et du contexte qu'il peut y avoir interprétation univoque du message.

Un message hors situation n'a à proprement parler pas de *sens* (car il a trop de significations possibles). Les fameuses "ambiguïtés" que l'on cite parfois pour démontrer la nécessité de grammaires désambiguïsantes, ne sont réelles que si l'on suppose que les messages ont lieu hors situation. Dans le discours réel, les "ambiguïtés" ne sont qu'exceptionnelles (cf. les quiproquos dont on s'amuse précisément parce qu'ils ne sont pas fréquents). Les phrases comme "Je crois mon fils malade", etc.(1) ne sont pas plus ou pas moins ambiguës que n'importe quelle phrase isolée prise comme exemple. Leur relevé n'a d'intérêt éventuellement que si l'on entre dans le jeu d'une grammaire transformationnelle (en notant que souvent l'intérêt de la grammaire transformationnelle est "prouvé" par l'existence de phrases ambiguës). Nous ne voulons pas aller ici plus avant dans ce débat, mais simplement montrer que, sorti d'un choix transformationnel, il n'y a pas de phrases plus ambiguës que d'autres. En situation, il n'y a pas de phrases ambiguës. Hors situation, l'ambiguïté est la règle. Mais les messages réels sont toujours en situation. Traiter de l'ambiguïté c'est choisir de n'étudier dans la grammaire que des "exemples de grammaire" et non pas des messages linguistiques... encore faut-il le dire !

L'intégration en situation peut être manifestée dans le message par divers procédés :

- On citera d'abord les "embrayeurs" ("shifters")
. que ce soit les déictiques qui font une référence directe à la situation de discours (je, tu, ici, maintenant, ce, celui-ci, etc...). Ils ont comme correspondants pour l'intégration en contexte les anaphoriques (il, là, ce jour-là, etc...)

. que ce soit les "temps du discours"(2) qui s'organisent autour du présent du locuteur, auxquels s'opposent, avec une fonction textuelle, les "temps du récit".

- L'intonation, à un autre niveau, intervient précisément pour intégrer un message en situation. On peut indiquer par l'intonation l'attitude du locuteur, c'est-à-dire donner le *statut du discours*, selon que le locuteur asserte, qu'il interroge, qu'il ordonne. On retrouve là les "trois comportements fondamentaux de l'homme parlant et agissant par le discours sur son interlocuteur", dont parle Benveniste (3).

Nous n'oublions pas que l'intonation peut également servir à marquer diverses connotations du discours, indiquant les relations du locuteur avec l'énoncé (émotions, etc.). Dans une perspective essentiellement syntaxique, nous ne nous y attacherons pas ici (4).

II - LA PERIODE (PROBLEME DE LA PRESENCE ET DE LA LOCALISATION DE L'INFORMATION)

On définira une unité de la communication qu'on appellera *la période*. Cette unité est une unité d'attitude du locuteur. Quand il y a changement d'attitude (passage par exemple d'une attitude d'interrogation à une attitude de jussion), il y a changement de période. Cette attitude correspond à un schéma intonatif bien précis, formellement repérable : on peut découper les périodes dans un discours. La période est donc une unité intonative. Enfin, la période ne peut subir de modifications intonatives du fait de son intégration en contexte. Quand dans un texte, on peut remplacer une séquence par une autre ou une suite de séquences par une autre suite de séquences sans modification intonative du contexte, c'est que l'unité remplacée est une période.

Ex. : on a un texte constitué des séquences suivantes (chaque lettre représente une séquence intonée) :

a - b - c - d - e - f - g

Si retirer c modifie l'intonation de a - b mais non pas de d - e - f - g, on a une première période constituée de a - b - c.

Si retirer d ne modifie pas l'intonation de a - b - c ni celle de e - f - g, c'est que d forme une période.

On résumera cela en disant que *la période est une unité intonative, susceptible de recevoir une marque d'intégration en situation (attitude du locuteur) mais qui ne peut subir de modifications contextuelles : la période est inintégrable en contexte par l'intonation.*

On présente ici la période comme unité intonative. C'est ce que l'on fait parfois de la phrase dans certaines écoles. Ne pourrait-on confondre ces deux notions ? En fait la période est souvent différente de la phrase traditionnelle (phrase définie comme contenant un verbe, ou marquée par un point, ou possédant une unité de sens, etc...). On a montré ailleurs (5) que *la phrase n'est pas une unité intonative.* Une phrase isolée - hors contexte et hors situation -, un "exemple de grammaire" que l'on produit avec une intonation assertive, interrogative, etc. ne peut être considérée comme une unité intonative : elle n'est "unité" que parce que le linguiste choisissant l'exemple, l'a isolée. Si dans un texte suivi, on tente de découper des unités intonatives on constate que les frontières de ces unités intonatives (unités manifestant l'attitude du locuteur et non susceptible de modifier l'intonation du contexte ou d'être modifiées par l'intonation du contexte) ne correspondent pas aux frontières de phrase.

Dans l'exemple suivant :

Pierre est venu,   je suis parti

on a selon une analyse traditionnelle deux phrases ; pourtant, la période n'est pas achevée après "Pierre est venu..." : même si l'on se contente d'un premier jugement empirique, l'intonation laisse attendre quelque chose.

Ce qui change fondamentalement dans notre définition de la période par rapport à l'analyse traditionnelle de la phrase, c'est que la phrase tournait plus ou moins autour d'un verbe, tandis que la période est une *unité intonative.* On verra cependant qu'en introduisant déjà dans la définition de la période l'attitude du locuteur, et donc l'intégration en situation, on préparait l'analyse de l'information dans la période : on sera amené à voir dans la période également une unité informationnelle. La période étant unité de communication est unité d'information (6).

Comment repérer l'information dans la période ? la période s'organise autour d'un apport d'information, c'est-à-dire autour de ce qui est la visée de l'unité de communication considérée (7). La période peut même être

réduite à cet apport : en français, par exemple, seront des périodes minimales (constituées d'un apport seul).

      "Pierre".

      "Ici".

      "Viens".

      "Splendide!"

      "Oui".

    Dans les périodes constituées d'un apport seul (sans un "support" de
l'information), l'apport peut être simple (Cf. exemples précédents) ou complexes:

      "Ici même !"

      "Viens manger !"

      "Tout à fait splendide".

    Dans ces périodes minimales , l'attitude du locuteur peut être mar-
quée. On peut avoir des périodes assertives, jussives, interrogatives.
Toutes les attitudes ne peuvent être toujours transmises sur tous les types
d'apport :

      "Viens" ne peut être assertif en français

      "Splendide" ne peut être jussif.

    A côté de ces périodes constituées exclusivement d'un apport d'infor-
mation (où la situation - si l'on peut dire - tient lieu de support),il existe des périodes constituées d'un support et d'un apport linguistique, c'est
à dire où, pour l'efficacité de la communication, on préfère expliciter sous
forme de support, un certain nombre d'éléments situationnels. L'explicitation peut être plus ou moins importante, et donc le contexte de l'apport
plus ou moins vaste.

    A côté de :   Pierre | travaille

                  supp.   app.

(période constituée d'un support simple et d'un apport simple) on pourrait
avoir des périodes plus complexes avec explicitation de nombreuses données
situationnelles dans le support :

      "Le fils de la voisine qui s'appelle Pierre |travaille".

               supp.   app.

    Le support est susceptible de faciliter le passage de l'apport : il
peut être reprise d'un apport déjà dit ou d'éléments déjà considérés comme
acquis. On appelle donc *support* :

      "il" dans "Il travaille".

      "Pierre" dans "Pierre mange".

      "Le temps est beau" dans "Le temps est beau. J'irai me
                            promener".

Tout apport dit devient support pour le prochain apport.

On analysera donc ainsi l'exemple suivant :

```
Le temps | est beau
supp.        app.
_____

         app.
          ↓              J'irai me promener
         supp.  _____  app.
```

Cet exemple illustre bien le fait que le support n'est pas nécessairement représenté par le sujet : ici l'ancien apport devient support par rapport à un nouvel apport. De même dans un exemple comme "Survint le loup", on constaterait que "le loup" (pourtant sujet) est apport , "survint" servant de modalité, mais non pas d'apport principal. L'apport n'est donc pas toujours verbal.

De même : "Pierre".

    "Ici".

sont apports quand ils forment le noyau d'une période. "Pierre" est support en (a), apport en (b) ; "il mange" est apport en (c), support en (d) :

(a) "Pierre mange".

(b) "Qui est là ? - Pierre".

(c) "Que fait Pierre ? - Il mange".

(d) "Pierre mange-t-il ? - Il mange sa pomme".

Mais le support et l'apport ne sont pas toujours des parties aussi facilement délimitées dans la période. En fait il s'agit de *fonctions* et non pas de *parties formelles*. La détermination du support et de l'apport est un problème de contexte. En raison des transformations de l'apport en support selon le moment du texte que l'on considère, la délimitation de l'apport et du support ne se fait pas toujours sans difficulté. L'apport est information principale, a-t-on dit, mais "principale" par rapport à quoi ?

On recourra à un critère fonctionnel pour déterminer l'apport. Ceci permettra de constater que l'apport n'est pas aussi nécessairement représenté par une partie délimitée de la période qu'on pourrait le penser. En ce sens l'analyse en support/apport diffère des analyses en sujet/prédicat, thème/rhème, donné/nouveau qui sont formelles : du moins a-t-on jusqu'à présent proposé une utilisation formelle de ces concepts (8). L'analyse en support/apport n'oppose pas dans la période deux parties physiquement marquées. Il y a deux *fonctions* à prendre en compte (la fonction d'apport et la fonction de support), mais on ne peut pas nécessairement délimiter dans la période une forme discrète correspondant à chaque fonction. Au-delà des différences de frontières qui peuvent exister entre deux types d'analyses de la phrase (le thème ne correspond pas toujours au donné, ne correspond pas toujours au support-sujet de Pottier), l'analyse en support/apport s'oppose à toutes les autres parce qu'elle est *fonctionnelle* et non pas *formelle* (9).

En particulier, dans une langue comme le français où à une unité formelle peuvent correspondre plusieurs unités fonctionnelles, l'apport peut
n'être pas isolable comme unité formelle, mais sera *reconnaissable en ce*
*qu'il ne pourra être remplacé par un substitut.*Dans un discours "normal"
(c'est-à dire différent du discours *exemplaire* de la grammaire), on a des
enchaînements comme :

> "Pierre mange. Il aime le poulet".

où "il" est support par rapport à "aime le poulet". On pourrait encore
avoir :

> "Pierre mange. Il le fait toujours à 8 h. précises".

Ici le substitut "il le fait" reprend aussi le verbe (manger) et l'apport
(non verbal) est : "à 8 h. précises".

Dans l'exemple suivant :

> "Est-ce que Jacques a écrit à son père ? - C'est ce qu'il
> est en train de faire".

"C'est ce qu'il est en train de faire" sert de substitut à tout ce qui précède. Un élément pourtant échappe à la substitution, c'est l'indication
aspectuo-temporelle (présent duratif) qui s'oppose à l'accompli de la question. Ce critère de substituabilité permet donc de déterminer sans hésitation possible l'apport, qu'il soit nom, verbe, adjectif, adverbe, modalité,
etc...

On notera que même dans un enchaînement peu probable comme :

> "Jacques a-t-il rangé sa chambre ? - Il l'a fait".

il y a quand même un apport dans la réponse ; c'est l'information "assertion
affirmative" qu'un "oui" transmettrait tout aussi bien. Cet enchaînement
précisément reste peu "normal" et relativement "théorique". On ne rencontre
pratiquement "Il l'a fait" dans ce contexte que s'il sert de support à une
nouvelle information, par exemple "avec méthode" dans "Il l'a fait avec
méthode".

Si l'apport ne peut donc être remplacé par un substitut, c'est parce
qu'il doit nécessairement se maintenir comme *information*. S'il n'y avait
pas d'information à transmettre, il n'y aurait pas discours. Ainsi, dans
l'exemple donné précédemment "Survint le loup", si un élément peut disparaître, c'est non pas "le loup" ("Survint-il" est impossible, de même que
"Survint"), mais "survint". L'information principale, à savoir l'arrivée
du loup, est transmise dans l'unité prédicative "Le loup!". "Survint" fait
alors figure de modalité (sens de Bally) par rapport au prédicat essentiel.

III - INTONATION ET MORPHO-SYNTAXE

L'attitude du locuteur dans la période peut être indiquée par l'intonation ou en recourant au lexique ou à la morpho-syntaxe. On opposera ainsi des périodes dites à intonation marquée et des périodes à intonation

non-marquée. Seront non-marquées les périodes produites sur la courbe phy-
siologique "normale"($\#\searrow\#$) c'est-à-dire sur la courbe produite avec un
abaissement normal de la voix en fin d'énoncé du fait du relâchement des or-
ganes. Dans ces périodes à intonation non-marquée, c'est-à-dire où l'attitude du locuteur ne peut être indiquée que par des procédés autres qu'intonatifs, on recourt au lexique ou à la morphosyntaxe pour transmettre l'indication d'attitude :

Ex. :

"Je me demande s'il viendra" (courbe $\#\searrow\#$)

par opposition à :

"Il viendra ?" (courbe $\#\nearrow\#$)

"Est-ce que tu sors ?" ($\#\searrow\#$)

par opposition à :

"Tu sors ?" (courbe $\#\nearrow\#$)

Chaque fois que l'on recourt à des procédés autres qu'intonatifs, la
courbe de la période (sauf recherche d'effets particuliers que l'on peut
répertorier) sera globalement $\#\searrow\#$) (10) :

"Est-ce que tu sors ?" $\#\searrow\#$

"Qui est là ?" $\#\searrow\#$

par opposition à :

"Tu sors?" $\#\nearrow\#$

"Tu es là ?" $\#\nearrow\#$

On ajoutera aux trois attitudes fondamentales, l'évidence (modalité de
l'assertion), l'appel (modalité de la jussion), l'interrogation métalinguistique (modalité de l'interrogation) qui sont manifestées par des courbes
particulières.

En fait, on peut rencontrer

"Qui est là ?" $\#\nearrow\#$

au lieu de $\#\searrow\#$ (courbe attendue du fait du morphème "Qui". Dans des cas
de ce genre, il y a soit renforcement d'une information déjà transmise par
des procédés morphosyntaxiques, soit transmission d'une modalité particulière . (Dans l'exemple précédent, on peut avoir une volonté d'insistance, ou
bien répétition d'une période déjà produite et mal reçue).

On peut dire :

(a) "Il est évident que vous ne pouvez vous en sortir seul".

(courbe $\#\searrow\#$)

(b) "Vous ne pouvez vous en sortir seul".

(courbe d'évidence $\#\wedge\#$)

(c) "Il est évident que vous ne pouvez vous en sortir seul".

(courbe $\#\wedge\#$)

Dans ce dernier cas, on a renforcement avec une connotation particulière d'indignation.

On citera quelques courbes fonctionnelles du français :

╱ #   interrogation : "Il est là ?"

∧ #   évidence   : "Il est là".

⸺ #   appel   : "Anatole !"

> (ici ce qui est pertinent est d'une part le chan-
> gement de registre, et d'autre part le fait que
> la courbe est non-montante : c'est ce qui oppose
> cette courbe d'appel à toutes les autres courbes
> fonctionnelles)

╱ #   interrogation métalinguistique : "Anatole ?"

Bien sûr on pourrait ajouter à cette liste, qui ne se prétend d'ailleurs pas exhaustive, la courbe # ╲ # sur laquelle sont produites assertives et jussives en français. Nous ne discuterons pas dans une phonologie de
l'intonation le problème de savoir si une assertive et une jussive sont
produites sur le même courbe en français, dans la mesure où elles sont nécessairement différentes syntaxiquement et où - dans le cas de périodes
constituées d'un seul apport - elles ne peuvent apparaître que dans des contextes différents : cf. "Pierre". à l'assertif qui est réponse et s'oppose
donc à "Pierre !" au jussif.

L'intonation qui indique le statut du discours en marquant l'attitude
du locuteur, peut également marquer ses articulations. La période, nous
l'avons entrevu, peut être complexe. L'intonation permet ainsi d'intégrer
plusieurs "phrases" en une seule période, c'est-à-dire en en faisant une
seule unité intonative, comportant un apport principal d'information (le
dernier) ; éventuellement, l'intonation, en plus de cette intégration en
contexte, peut indiquer le type d'intégration en situation (c'est-à-dire
l'attitude du locuteur, le statut du discours). Dans tous les cas, cette
marque d'intégration en situation est portée par la partie de la période
contenant l'apport principal.

L'intégration en contexte se fait en attribuant à chaque partie
constitutive de la période (chacune de ces parties pouvant être une phrase
au sens traditionnel), une intonation non pertinente, c'est-à-dire différente de la courbe # ╲ # normale, mais aussi de toutes les courbes intonatives marquées répertoriées précédemment.

On donnera comme exemple d'intégration en contexte, c'est-à-dire de
période où l'articulation du discours est marquée par l'intonation :

"Pierre était là. Je suis reparti". # ╱ # ╲ # (11)
(l'intonation marque l'implication)

"Pierre était au jardin, Jacques travaillait, je ne faisais
rien". # ╱ # ╱ # ╲ #

(l'intonation a une fonction de coordination).
Il serait possible par exemple de marquer une attitude d'évidence en
plus de la façon suivante :

"Pierre était là. Je suis reparti". # ⸺ # ∧ # etc...

On retiendra donc pour caractériser les rôles respectifs dans la période de l'intonation et de la morpho-syntaxe, les points suivants :
- l'intonation peut être seule chargée de donner le statut du discours (discours assertif, jussif, etc.) ou son articulation (ex. : période où l'implication est marquée par l'intonation :

"Pierre était là. Je suis reparti". #/#\#)

- la morpho-syntaxe peut remplacer l'intonation, du moins la morpho-syntaxe peut être chargée d'indiquer le statut du discours ou son articulation, l'intonation marquant seulement alors les limites de la période : Ex. : "Qui est là?" # \ # "Pierre était debout. C'est pourquoi je me suis assis".
(courbe : #\#\#)

- intonation et morpho-syntaxe peuvent concourir pour marquer le statut du discours et l'articulation. Cela donne des connotations particulières pour le statut du discours (cf. ci-dessus l'indignation). Au niveau de l'articulation, on a renforcement. Il s'agit d'un cas où l'intonation intervient dans la redondance du message, nécessaire à la bonne transmission de l'information.

On soulignera le fait que la répartition des rôles entre syntaxe et intonation est liée au problème des styles. Certains types de discours préfèrent écarter l'intonation pour tout ce qui n'est pas articulation du discours et laisser à la morphosyntaxe la charge d'indiquer le statut du discours.

Lorsque l'on parle d'intonation et syntaxe, on retiendra donc que l'analyse syntaxique intervient pour préciser comment sont constituées les unités (périodes) que l'intonation a permis de découper. Intonation et syntaxe concourent pour indiquer le statut de ces unités et pour marquer leur articulation. La période, unité intonative, est aussi unité syntaxique et unité d'information.

----

(1) Exemple emprunté à J. Dubois in *Grammaire structurale du français : la phrase et les transformations*, coll. "Langue et langage", Larousse, 1969.

(2) Cf. Benveniste, in *Problèmes de Linguistique générale* : "Les relations de temps dans le verbe français", pp. 237-250, Gallimard, 1966.

(3) "On reconnait partout qu'il y a des propositions assertives, des propositions interrogatives, des propositions impératives, distinguées par des traits spécifiques de syntaxe et de grammaire, tout en reposant identiquement sur la prédication. Or ces trois modalités ne font que refléter les trois comportements fondamentaux de l'homme parlant et agissant par le discours sur son interlocuteur : il veut lui transmettre un élément de connaissance ou obtenir de lui une information, ou lui intimer un ordre. Ce sont les trois fonctions interhumaines du discours qui s'expriment dans les trois modalités de l'unité de phrase, chacune correspondant à une attitude du locuteur". (Benveniste : "Les niveaux de l'analyse linguistique" in *Problèmes de Linguistique Générale*, Gallimard 1966, p. 130).

(4) Cf. à ce propos les mises au point faites par M. - C. Hazaël-Massieux dans "Situation, contexte et étude fonctionnelle de l'intonation", communication au Cercle de Linguistique Aixois, mars 1976.

(5) M. - C. Hazaël-Massieux : "Situation, contexte et étude fonctionnelle de l'intonation", communication au Cercle de Linguistique Aixois, déjà citée.

(6) Cf. La définition du langage donnée ci-dessus : on parle *pour* dire quelque chose.

(7) Cf. G. Hazaël-Massieux : "Pour une grammaire du discours": une utilisation possible de la théorie de l'information en linguistique" in *Annales de l'Université de Brazzaville*, 1972, 8 (AB), pp. 81-84.

(8) Cf. M.A.K. Halliday : "Options and Functions in the English Clause" in *Syntactic Theory* 1 (Penguin Modern linguistics Readings, 1972). Egalement se reporter à M.C. Hazaël-Massieux : "Support, apport et analyse du discours" in *Le Français Moderne* (à paraître).

(9) Rappelons, en outre, que cette analyse s'applique à la période, unité d'intonation, et non à une phrase, concept inutilisable sans une redéfinition précise car il ne recouvre pas toujours et pour tous la même réalité.

(10) Cf. pour la détermination du pertinent et du non-pertinent dans la courbe de la période, communication de M.C. Hazaël-Massieux : "Situation, contexte et étude fonctionnelle de l'intonation", déjà citée.

(11) On marque ici comme $\#/\#$ la courbe non-pertinente de début de période. Mais cette courbe, légèrement montante, est très différente de la courbe $\#/\#$ d'interrogation. Il serait sans doute intéressant en vue d'une normalisation fonctionnelle de noter cette courbe $\#-\#$ comme la première partie de toute période recevant une indication d'attitude (cf. ci-dessous $\#-\#\wedge\#$) pour bien montrer que cette première partie de période non pertinente, qui peut être soit légèrement montante, soit légèrement descendante, soit recto-tono selon l'environnement intonatif, ne peut en aucun cas être confondue avec les courbes fonctionnelles montante ($\#/\#$ interrogation) ou descendante ($\#\searrow\#$ "courbe de base").

Vers une approche du système graphique de l'ancien français à travers le manuscrit B de Villehardouin

Hélène NAIS

C.R.A.L. , Université de Nancy II

Les scribes médiévaux paraissent, on le sait, avoir assez vite utilisé un système graphique relativement cohérent pour noter le français, à côté du latin, qui était leur matière ordinaire. Pour mieux dire, il semble que, si le système est généralement assez cohérent pour un même scribe, d'un atelier à l'autre les différences sont notables. Je pense donc que pour rendre compte, dans la mesure du possible, du système graphique de l'ancien français, il faut d'abord essayer de l'appréhender au niveau des manuscrits, pris un par un, puis regroupés par familles de proche en proche. Je voudrais donc aujourd'hui essayer de présenter les bases d'une méthode et montrer les premiers résultats d'une ébauche d'analyse à propos du ms. B de Villehardouin, B.N. fr. 2137 (anc. 7974).

Dans ce premier temps, j'ai voulu ne pas me laisser influencer par les connaissances que nous pouvons avoir de la phonétique historique. Il me paraît raisonnable de poser en principe que nous ne savons pas réellement comment l'ancien français se prononçait : nous pouvons essayer de remonter des graphies aux phonèmes, mais avec beaucoup de précautions. Il est, en particulier, bien difficile de savoir quand nous avons affaire à des graphies complexes ou à des notations de diphtongues. Il vaut donc mieux étudier le système graphique en lui-même, pour tenter, ensuite, d'en déduire ce qu'il peut suggérer sur la phonologie et sur la morphologie de l'ancien français. Ce dernier aspect, on le verra, sera fructueux et ce n'est pas pour surprendre dans une langue à désinences.

Lorsque l'on peut disposer des services d'un ordinateur, la tentation est grande de compter les lettres et de faire des études statistiques sur ces résultats. Cependant, nous n'avons pas encore poussé très loin dans cette direction, d'autant plus que les premiers résultats incitaient à une grande prudence. Mais, donnons d'abord quelques précisions sur le corpus et sur la manière dont il a été enregistré. Les nombres globaux sont obtenus d'après les données brutes, sans aucune correction et je serai amenée à en introduire quelques-unes, lorsque les conclusions à en tirer risqueraient d'être faussées sur certains détails.

Le principe général a été de respecter le manuscrit au maximum, mais en s'inspirant néanmoins des règles de l'édition critique. C'est-à-dire que la lettre -ë (seulement en finale, suivant les règles usuelles) a été introduite et que l'usage des j et des v en face des i et des u a été normalisé, suivant les normes modernes. Ceci entraîne une certaine distorsion, à laquelle il est moins facile de remédier qu'à l'introduction du -ë (qu'il suffit d'ajouter à e). En réalité, l'image du manuscrit, pour être vraiment fidèle, devrait tenir compte aussi des abréviations, que nous avons toutes résolues et qui ne sont pas repérables dans ces comptages. Dans une phase ultérieure de la recherche, il faudra tenir compte de ces données dans l'enregistrement ; actuellement je suis simplement obligée de préciser cet état des données, pour prévenir des erreurs d'interprétation. Pour plus de clarté, voici l'énumération de l'alphabet de 27 lettres :

A - B - C - D - E - É - F - G - H - I - J - K - L - M - N - O - P -
Q - R - S - T - U - V - W - X - Y - Z.

La façon dont les mots eux-mêmes ont été enregistrés n'est pas sans incidence sur nos résultats. La définition "informatique" du mot : une suite de lettres entre deux blancs a subi deux entorses par rapport à l'état du manuscrit. Les lettres agglutinées ont été séparées, ce qui accroît considérablement le nombre des mots d'une lettre ; certains noms propres "en plusieurs mots" ont été comptés pour un mot, mais sans avoir été préalablement resoudés : ex. BAR LE DUC, compté pour dix signes. On voit que cette méthode a une double conséquence fâcheuse : elle entraîne l'introduction subreptice d'un caractère supplémentaire dans l'alphabet : le "blanc", mais il n'y en a que 77 en tout et j'ai préféré, au moins pour les premiers résultats globaux respecter les données brutes de l'ordinateur. D'autre part, on constate aussi que les noms propres ont été ainsi indûment allongés, défaut qui m'apparaît moindre que celui de faire de LE ou de DE un "nom propre". En tout état de cause, après les résultats bruts je donnerai, pour ces noms propres, la correction qui consiste à ne pas compter les blancs intérieurs pour une lettre.

Après toutes ces précautions, je suis en mesure de définir le corpus de ms. B de Villehardouin, comme un corpus de

	191.162 lettres
réparties sur	46.079 mots-occurrences
lesquels représentent	4.143 mots différents.

Sur cet ensemble, les noms propres comptent pour

22.726 lettres
3.153 mots-occurrences
658 mots différents

Ce qui représente pour les mots autres que noms propres

168.436 lettres
42.926 mots-occurrences
3.485 mots différents

En réalité, de ces derniers totaux, il convient de déduire encore les chiffres romains, qui introduisent une certaine perturbation dans nos résultats de détail, quoique leur nombre ne soit pas très élevé. On compte au total pour les chiffres romains

609 lettres
323 mots-occurrences
37 mots différents

Enfin, comme nous avons enregistré l'intégralité des signes écrits, même les mots incomplets par suite de la déchirure d'un feuillet (ASAIL - ASEIL - ESTO - TOIENT), les 20 lettres que représentent ces quatre fragments doivent encore être déduits du total général. Nous aboutissons ainsi, pour les mots autres que noms propres et cardinaux, aux données suivantes :

167.807 lettres
47.599 mots-occurrences
3.444 mots différents

Ces données globales peuvent être analysées à deux points de vue :
d'une part établir d'une manière un peu plus affinée la longueur moyenne
d'un mot dans le corpus, de l'autre chercher à déterminer le comportement
de chaque lettre en particulier. Voyons d'abord le premier tableau de la répartition des mots par longueur.

Répartition des lettres par longueur des mots

Longueur du mot	Données globales		Noms propres corrigés		"Reste" corrigé (et sans les chiffres romains)	
	Nombre de mots-occur.	Nombre de lettres	Nombre de mots-occur.	Nombre de lettres	Nombre de mots-occur.	Nombre de lettres
1	2.975	2.975	0	0	2.808	2.808
2	13.788	27.576	0	0	13.709	27.418
3	6.174	18.522	59	177	6.080	18.240
4	5.867	23.468	239	956	5.593	22.372
5	5.269	26.345	521	2.605	4.747	23.735
6	4.035	24.210	578	3.468	3.448	20.688
7	2.719	19.033	506	3.542	2.212	15.484
8	1.974	15.792	482	3.856	1.508	12.064
9	1.397	12.573	252	2.268	1.133	10.197
10	1.024	10.240	277	2.770	756	7.560
11	333	3.663	48	528	281	3.091
12	168	2.016	14	168	153	1.836
13	258	3.354	163	2.119	94	1.222
14	79	1.106	13	182	71	994
15	17	255	0	0	5	75
16	1	16	0	0	1	16
17	0	0	1	17	0	0
18	1	18	0	0	0	0
Totaux	46.079	191.162	3.153	22.656	42.599	167.800

N.B. Les données globales sont celles fournies par l'ordinateur au départ . Pour les noms propres, on a déduit les 70 "caractères" qui sont en réalité des intervalles à l'intérieur des mots composés . Pour le "reste", on a
opéré de la même façon (7 intervalles à déduire); on a également retranché
les 4 mots qui ne sont que des fragments (20 lettres) . Enfin les chiffres
romains représentant 609 lettres on aboutit à une différence de 706 lettres
en moins, si l'on fait le total: reste + noms propres, en le comparant au total général . Rappelons qu'il y a 167 chiffres romains d'1 lettre, 79 de 2
lettres, 35 de 3 lettres, 34 de 4 lettres, 6 de 5 lettres, 1 de 6 lettres et
1 de 7 lettres . De même pour chaque ligne, les totaux reste + nom propre ne
concordent généralement pas, mais le tableau des données corrigées est nécessaire pour les comparaisons avec le tableau suivant, par lettres .

Tableau de fréquence des lettres

L	Données globales					Noms propres				Reste				
	Total	Init.	Intér.	Fin.	Mot	Total	Init.	Intér.	Fin.	Total	Init.	Intér.	Fin.	Mot
A	12.189	2.734	6.634	1.743	1.078	1.510	236	1.373	1	10.579	2.498	5.261	1.742	1.078
B	1.627	1.065	562	0	0	617	379	238	0	1.010	686	324	0	0
C	5.132	3.066	1.780	282	4	909	349	468	92	4.210	2.717	1.310	182	1
D	5.401	3.735	1.388	0	278	513	141	372	0	4.888	3.544	1.016	0	278
E	34.731	6.703	18.333	9.695	0	3.277	52	2.131	1.094	31.454	6.651	16.202	8.601	0
É	798	0	235	563	0	3	0	2	1	795	0	233	562	0
F	2.215	1.774	414	27	0	359	146	213	0	1.856	1.628	201	27	0
G	1.974	1.237	706	31	0	381	232	149	0	1.593	1.005	557	31	0
H	2.132	521	1.606	5	0	658	193	460	5	1.474	328	1.146	0	0
I	15.997	1.380	11.065	3.352	200	2.318	19	2.049	250	13.274	1.300	8.912	2.994	68
J	724	610	114	0	0	235	221	14	0	489	389	100	0	0
K	4	4	0	0	0	4	4	0	0	0	0	0	0	0
L	11.362	4.453	4.189	1.860	860	1.063	102	899	62	10.285	4.350	3.289	1.789	957
M	4.354	2.226	2.048	70	10	542	221	311	10	3.810	2.003	1.737	60	10
N	14.362	1.069	11.094	2.049	150	2.182	69	1.864	249	12.180	1.000	9.230	1.800	150
O	10.802	1.049	9.752	1	0	1.682	34	1.647	1	9.120	1.015	8.105	0	0
P	3.642	2.538	1.094	10	0	404	139	264	1	3.238	2.399	830	9	0
Q	2.744	2.347	397	0	0	174	24	150	0	2.570	2.323	247	0	0
R	13.740	705	10.600	2.435	0	1.673	137	1.464	72	12.067	568	9.136	2.363	0
S	14.344	2.510	5.091	6.496	247	1.589	162	646	781	12.755	2.348	4.445	5.715	247
T	12.247	1.528	3.651	11.066	2	908	112	576	220	15.339	1.416	3.075	10.846	2
U	10.830	281	9.012	1.537	0	965	0	842	123	9.865	281	8.170	1.414	0
V	3.477	1.493	1.955	7	22	255	177	78	0	3.146	1.277	1.869	0	0
W	2	2	0	0	0	2	2	0	0	0	0	0	0	0
X	314	53	60	194	7	146	0	45	101	69	0	0	69	0
Y	277	17	103	40	117	109	2	95	12	168	15	8	28	117
Z	1.644	0	7	1.637	0	78	0	0	78	1.566	0	7	1.559	0
	191.065	43.100	101.890	43.100	2.975	22.656	3.153	16.350	3.153	167.800	39.791	85.410	39.791	2.808

N.B. 1. Ici les données globales s'entendent après déduction des 77 intervalles et des 20 lettres des mots incomplets.

2. Les noms propres n'ont pas de mots d'une lettre.

3. Le reste s'entend sans les chiffres romains, donnés au tableau suivant :

Tableau des chiffres romains

Lettres	Total	Init.	Intér.	Fin.	Mot
C	13	-	2	8	3
I	405	61	104	108	132
L	14	1	1	9	3
M	2	2	-	-	-
V	76	39	8	7	22
X	99	53	15	24	7
	609	156	130	156	167

On voit que le nombre total des lettres entrant dans des chiffres romains est parfaitement négligeable pour l'ensemble : 609 par rapport à
191.162 = 0,32 % et l'est encore par rapport aux données de notre premier
tableau (le seul pourcentage un peu appréciable, celui des mots d'une lettre,
ne dépasse pas néanmoins 5,6 %). En revanche, pour les résultats individua-
lisés par lettres, le rôle perturbateur des chiffres romains apparaît nettement, bien que là encore, il ne soit généralement pas perceptible au niveau
du total des lettres, sauf pour X où les chiffres romains représentent près
du tiers de l'ensemble. Mais ce qui est beaucoup plus intéressant à propos
de l'X, ce n'est pas ce chiffre but, mais le fait que lorsque l'on considère simplement les données globales, on occulte complètement le fait qui apparaît dans le reste : X n'est possible qu'en finale. Dans les données globales sa vocation à la finale apparaissait mais pas plus marquée que celle
de la lettre T par exemple (68,11 % de finales pour T ; 61,78 % pour X). Le
cas de V est également très net : les chiffres romains au total sont négli-
geables pour cette lettre 76 pour 3.477, mais ils n'en constituent pas moins
les seuls emplois à la finale et comme mots isolés. Tout ceci justifie le
recours à la notion de "reste" [1] et le fait que nous fassions porter l'étude surtout sur ces données là.

Cette notion de "reste" s'entend aussi, et surtout, par opposition à
celle de nom propre et ici il convient de se reporter au grand tableau précédent (des fréquences de lettres). J'ai déjà commenté brièvement les différences qui ressortaient du tableau de répartition par longueur de mots, où
apparaissait comme une différence de nature entre les noms propres et le
reste du vocabulaire. Mais lorsque l'on regarde les lettres individuellement, on commence à aborder véritablement le système graphique du scribe.
En effet, à propos des chiffres romains, il faudrait surtout conclure que le
scribe a simplement l'habitude de recourir aux mêmes dessins (des lettres)
pour des symboles de natures très différentes : des sons (alphabet) ou des
nombres (chiffres romains). S'agissant de noms propres, les signes de l'alphabet servent au même usage symbolique (sons) que pour l'ensemble du vocabulaire. Je ne pouvais donc pas exclure, au moins pas totalement, ces signes
de mon analyse, mais il convenait, je crois, de les individualiser, puisque
la comparaison, même la plus sommaire, fait apparaître que 2 des lettres de
l'alphabet ne servent que pour les noms propres. Ce n'est donc
que par la prise en compte des noms propres que l'on peut mesurer l'étendue
totale du système graphique utilisé dans le ms. B. Tout se passe comme si,
connaissant ces 2 lettres, le scribe les excluait pourtant de son système
graphique pour le français. Ceci me semble révéler une réflexion élaborée,

soit de sa part, soit, plus vraisemblablement, de celle de l'école de scribes à laquelle il se rattachait.

Une comparaison suivie des résultats pour le "reste" d'une part, et
les noms propres d'autre part fait apparaître d'autres phénomènes du même
ordre et sur lesquels je passerai vite, ainsi que d'autres plus généraux,
sur lesquels je reviendrai dans quelques instants. De même nature que la
différence portant sur K et W sont tous les O qui ne se retrouvent pas aux
mêmes places pour une lettre donnée, à commencer par le fait déjà relevé
qu'il n'y a pas de noms propres d'une lettre. En outre, il n'y a pas pour
les noms propres : à la finale : F, G, à l'intérieur : Z, à l'initiale U,
possible pour le reste et pour le reste : à la finale : H, O, à l'intérieur :
X, possibles pour les noms propres. Seule, l'impossibilité de U à l'initiale en face de 281 occurrences pour le reste peut poser question : résul-
te-t-elle de notre codage ? Bien que le scribe B admette parfois U à l'initiale, il écrira beaucoup plus facilement *vne* que *une* par exemple. Comme,
pour les noms propres, nous avons respecté les *V* du texte, je crois devoir
préciser que sur 177 occurrences, il y en a 168 suivis de voyelles (6 A,
123 E et 39 I) et 9 suivis de R, lesquelles se rapportent aux formes VRENAS
ou VRENCIAS adoptées par B pour le surnom de Théodore de Vernas (selon la
forme du ms. O adoptée par Faral). Il semble donc bien que l'on se trouve
en présence d'un fait de phonétique, mais peut-être dû au hasard. Les autres impossibilités "spécifiques" des noms propres à la finale ou à l'intérieur seront commentées plus loin. Pour les impossibilités du "reste",
c'est-à-dire en fait des possibilités spécifiques aux noms propres, on constatera le nombre relativement important de X intérieurs, 45. Ceci résulte
en fait du grand nombre de passage où apparaissent l'un ou l'autre des deux
empereurs Alexis dont il est question dans ce texte (il y a aussi *un*
Alexandre). Ceci rejoint tout à fait ce qui a été noté à propos de K et W,
le X est connu du scribe, mais dans le système graphique du français, il est
réservé à la finale (voir l'exploitation morphologique à en tirer), et on
n'a pas besoin de cette lettre pour noter un quelconque phonème du français.
Le O final, dans ARLO, n'est probablement qu'une forme corrompue, mais les
H finaux posent encore un problème mi-graphique, mi-phonétique. Ils correspondent, pour TH à un nom français, plus exactement picard, TRITH donné
par 2 fois au lieu de la graphie habituelle TRIT (à noter que dans la France moderne, c'est TRITH qui est la graphie officielle, laquelle n'est pas
justifiée par l'étymologie *trajectus* proposée par le dictionnaire
Dauzat-Rostaing) et, pour CH, à 3 noms étrangers AVESTACH, PULINACH et
RODESTOCH, le premier pour Halberstadt et les deux autres grecs. Y-a-t-il
là une valeur phonétique ?

En dehors de ces notations de caractère évident, l'interprétation
des données chiffrées fournies par le tableau de fréquence des lettres doit
être faite avec beaucoup de prudence. Pour ce qui est de la comparaison
nom propre/reste, il faut d'abord se rappeler que les mots de 1 et 2 lettres
constituent près de 39 % de l'ensemble pour le reste, alors qu'ils n'existent pas dans les noms propres. On ne sera donc pas étonné que, globalement,
il y ait seulement 13,9 % de lettres initiales ou finales pour l'ensemble
des lettres qui entrent dans les noms propres, alors que pour le reste ce
pourcentage monte à 23,7 et que, à l'inverse, les lettres intérieures représentent 72,2 % de l'ensemble pour les noms propres et seulement 50,9 %
pour le reste (où les mots d'une lettre comptent encore pour 1,7 %), alors
que pour les données globales (chiffres romains compris), on a les pourcentages suivants : intérieures : 53, 32 ; initiales et finales, chacun :

22, 55 ; mots d'une lettre : 1,55, c'est-à-dire presque les données du reste. D'une façon plus générale, les chiffres sont à interpréter avec prudence et les premières analyses de correspondances effectuées sur ce corpus pour moi par Monsieur et Madame Tomassone ont montré que les nombres bruts ne constituaient pas les éléments discriminants. Même avec une analyse portant sur une lettre, si on compare les données globales et celles des noms propres, à chaque fois en prenant les occurrences totales, ou en réduisant arbitrairement toutes les formes relevées à la fréquence 1, bien que les nombres diffèrent, ce qui est vraiment discriminant ce sont les places respectives que les lettres peuvent occuper dans le mot, beaucoup plus que les fréquences. Pour donner néanmoins une dernière approche, de ces données chiffrées globales, je fournirai un nouveau tableau d'ensemble, avec pour chaque lettre, le pourcentage général par rapport à l'ensemble et le rang en partant des occurrences totales et des occurrences ramenées à 1, ceci pour le total général, les noms propres et le reste (sans les cardinaux). On constatera que 2 lettres seulement, E et U, ont le même rang dans les 6 colonnes : 1 et 9, encore que les variations extrêmes de E, la lettre toujours la plus fréquente, arrivent à dépasser cinq points en pourcentage. Les variations importantes en pourcentage, se traduisant souvent mais pas toujours dans les rangs, atteignent les lettres qui figurent surtout dans des mots fréquents, comme T (plus du tiers des occurrences en 6 formes),L (près de la moitié en 7 formes) et surtout Q (plus de la moitié en 2 formes). Ce phénomène est beaucoup moins important dans les noms propres qui ont peu de formes fréquentes. La conséquence de cette observation me paraît être que pour tirer des conclusions d'ordre phonétique ou morphologique de nos données, il vaudra mieux regarder les résultats sur les occurrences ramenées à l'unité.

Tableau sur les pourcentages globaux des lettres

Lettres	Données d'ensemble				Noms propres				Reste			
	Total		Occur.ramen.à 1		Total		Occur.ram. à 1		Total		Occur. ram. à 1	
	%	Rang	%	Rang	%	Rang	%	Rang	%	Rang	%	Rang
A	6,37	7	6,75	6	7,11	6	8,17	4	6,30	7	6,49	8
B	0,85	21	1,11	19	2,72	13	2,29	14	0,60	21	0,88	20
C	2,68	12	3,47	11	4,012	10	4,26	10	2,51	12	3,29	10
D	2,83	11	2,33	13	2,26	15	2,01	16	2,91	11	2,41	13
E	18,18	1	17	1	14,46	1	13,44	1	18,74	1	17,81	1
E	0,40	22	0,62	21	0,013	25	0,04	26	0,47	22	0,74	21
F	1,16	17	1,05	20	1,58	18	1,09	20	1,11	17	1,05	19
G	1,03	19	1,34	17	1,68	17	1,86	17	0,95	18	1,24	18
H	1,11	18	1,49	16	2,90	12	2,52	13	0,88	20	1,29	17
I	8,37	3	8,60	3	10,23	2	9,46	2	7,91	3	8,23	3
J	0,38	23	0,31	23	1,04	20	0,51	22	0,29	23	0,27	23
K	0,002	26	0,01	26	0,017	26	0,06	25	–	–	–	–
L	5,94	8	3,47	10	4,70	8	5,07	8	6,13	8	3,18	11
M	2,28	13	2,87	12	2,39	14	3,32	12	2,27	13	2,80	12
N	7,52	4	8,16	4	9,63	3	8,41	3	7,26	5	8,15	4
O	5,65	10	6,67	8	7,42	4	7,29	7	5,43	10	6,57	7
P	1,81	15	2,26	14	1,78	16	2,05	15	1,93	14	2,31	14
Q	1,44	16	0,44	22	0,77	21	1,11	19	1,53	16	0,31	22
R	7,19	6	9,66	2	7,38	5	8,11	5	7,19	6	13,03	2
S	7,51	5	7,91	5	7,01	7	7,59	6	7,60	4	8,02	5
T	8,50	2	6,72	7	4,007	11	3,74	11	9,14	2	7,36	6
U	5,67	9	4,10	9	4,26	9	4,73	9	5,88	9	3,99	9
V	1,82	14	1,92	15	1,12	19	1,45	18	1,87	15	1,96	15
W	0,001	27	0,007	27	0,009	27	0,04	26	–	–	–	–
X	0,16	24	0,20	24	0,64	22	0,17	24	0,04	25	0,07	24
Y	0,14	25	0,16	25	0,48	23	0,66	21	0,10	24	0,06	25
Z	0,86	20	1,31	18	0,34	24	0,51	22	0,93	19	1,47	16

Il est temps maintenant de regarder les aptitudes diverses de nos lettres à occuper les différentes positions dans les mots, en répétant que notre corpus est particulièrement approprié pour l'étude des initiales et
des finales. La longueur moyenne des mots est en effet de :

4,148 lettres pour l'ensemble
7,143 lettres pour les noms propres
3,939 lettres pour le reste.

En revanche, sauf pour les noms propres, on éprouve une certaine gêne pour
l'étude des séquences de plus de 4 lettres, gêne qui se fait sentir déjà
pour étudier des digrammes en position vraiment intérieure (pour le "reste", les mots de 1 à 4 lettres représentent 66 % de l'ensemble).

La première aptitude à considérer, d'après le "reste", est celle de
constituer un mot. D'après notre système phonologique, on devrait s'attendre à ne trouver ici que des voyelles. Et c'est bien ce qui se passe pour
le scribe de B. Si le tableau fournit la possibilité mot seul pour C, D,
L, M, S, T, ceci est uniquement dû à notre système de codage qui a résolu
les agglutinations : dans l'usage du scribe, ces consonnes sont accolées
aux mots suivants. Seules restent donc comme vraies lettres pouvant constituer des mots (à l'exclusion des chiffres romains) :

A, I et Y
Il paraît possible de tirer de ceci la conclusion que le scribe peut employer Y pour noter la voyelle /i/.

Pour l'aptitude à la position initiale, on peut d'abord noter que le
K et le W, qui n'existent que dans les noms propres, ne figurent, même là,
qu'à l'initiale. Si l'on se borne au corpus des 25 lettres retenues pour
le "reste", on constate que presque toutes les lettres peuvent être employées à cette place et encore, on doit commencer par rappeler que l'une des
3 impossibilités a été posée en fait par le codage moderne, puisque l'on
réserve la graphie É à la finale absolue (ou devant S). En définitive, seuls
X et Z sont à considérer ici : on constate à leur sujet qu'ils ont une vocation à la finale très marquée, totale pour X et presque totale pour Z.
Ceci confirme le fait que ces deux graphies jouent un rôle discriminant
dans la morphologie. Peut-être pouvons-nous aussi, après constatation du
fait graphique, rappeler qu'à l'origine ces 2 lettres notaient des phonèmes complexes et nous verrons un peu plus bas que lorsque nous passerons
aux digrammes nous ne retrouverons plus du tout la même liberté pour la
position initiale.

A l'intérieur, nous avons déjà vu que X était impossible, sauf dans
les noms propres. Il peut paraître plus surprenant de relever 7 occurrences
de Z intérieur. Elles concernent les mots :

quinzainne (5 occ.)
ainznez (1 occ.)
souztret (1 occ.)

Les deux derniers sont des mots composés et à l'époque de B, il n'est même
pas tout à fait sûr que tous les scribes auraient écrit *ainznez* en un seul
mot. En tout cas, il semble que le corpus suggère peut-être que Z correspond à un phonème (distinct de S) mais il est difficile de conclure.

En définitive, ce corpus se caractérise particulièrement bien, lorsque l'on considère les lettres isolément, pour la position finale. Pour le "reste", on constate les impossibilités attendues des consonnes sonores B, D, V, avec en plus, H, J, O et Q, ce qui n'est pas surprenant non plus. Néanmoins,on relève la présence à la finale de :

G : 31 occ.
M : 60 occ.

Pour G, il s'agit en fait du digramme NG (ex. LOING, 9 occ.) avec un seul BESOIG, qui résulte simplement de l'oubli du tilde sur le I précédent le G (le scribe a écrit correctement 3 fois BESOING). M final est beaucoup plus intéressant. Il y a certes 16 occ. de HOM, 1 de PREUDOM, 1 de DAM et 2 de COM en toutes lettres (alors que le mot est généralement abrégé), mais il y a 40 occ. de EM (17 adverbes pronominaux et 23 prépositions), avec un phénomène de phonétique syntactique : EN passe à EM devant B ou P, et ceci alors que le mot reste bien séparé du suivant (ex. EM PARLEROIENT ; EM BOUCHE). Ceci sera à mettre en rapport avec une sorte d'inconséquence (?) du scribe qui écrit régulièrement EMPEREEUR et CONME.

Du côté des déficits, on pourrait encore noter F et P, qui ne différencient pas l'ancien français du français moderne. D'une façon plus générale, il semble que l'on peut conclure à une distribution non aléatoire des lettres à la finale, puisque 15 lettres se partagent la presque totalité des occurrences. Ceci signifie que en regard des lettres impossibles, il y a celles qui ont particulièrement vocation à la finale, c'est-à-dire celles qui ont plus de 15 % de leur effectif à la finale (toujours à propos du "reste"). Ce sont A (mais faiblement), E (27 %), É, par définition (70 %), I (22,5 %), L (guère plus que A), R (19,5 %), S (45 %), T (70 %) et enfin Z (99,5 %) et X (100 %), tandis que N et U se maintiennent autour des 14 % attendus. Naturellement, on n'est pas surpris de retrouver ici en bonne place les lettres qui jouent le rôle de désinence, en particulier T, S, Z et X. D'ailleurs le classement par ordre décroissant des lettres finales du corpus "reste" sur occurrences ramenées à 1 est le suivant (rang de 1 à 8) :

T, S, E, Z, R, E, A, I (qui ont tous une fréquence 100).

Nous voyons donc, d'après tout ce qui précède, que l'on peut tirer un petit nombre de conclusions, dans les domaines de la phonologie et de la morphologie, de cette étude des lettres isolées. Mais comme elles résultent surtout de leur position, il est a priori beaucoup plus intéressant de considérer les groupes de lettres. Mon enquête sur ce point est en cours, mais je puis déjà présenter quelques résultats, au moins sur les digrammes. Je commencerai par une première information d'ordre général : si, pour être plus net, l'on ne prend en compte que le "reste" (sans les noms propres ni les chiffres romains), il n'y a que 283 digrammes réalisés, alors qu'on en attendrait 625 comme effectif théorique (même en laissant de côté le K et le W, comme n'appartenant qu'au corpus des noms propres).(2) Pour montrer plus clairement à quoi correspondent les digrammes réalisés dans le corpus, je les présenterai sous la forme d'un tableau à double entrée : les lignes indiqueront quelles lettres sont possibles avant la lettre en tête de cette ligne et les colonnes, quelles sont celles possibles après la lettre en tête de la colonne. Pour que la présentation soit plus parlante, l'ordre des lettres adopté sera le suivant :

Tableau des digrammes du corpus "reste"

Lettres possibles après celles de la 1ère ligne	Lettres possibles avant les lettres de la première colonne																								
	A	E	I	O	U	R	S	N	L	M	C	P	T	G	B	D	F	V	Y	H	J	X	Z	Q	É
A	+	+	+		+	+	+	+	+	+	+	+	+	+	+	+	+	+		+	+		+		
E	+	+	+	+	+	+	+	+	+	+	+	+	+	+	+	+	+	+		+	+				
I	+	+		+	+	+	+	+	+	+	+	+	+	+	+	+	+	+		+					
O	+	+	+	+	+	+	+	+	+	+	+	+	+	+	+	+	+	+		+	+				
U	+	+	+	+		+	+	+	+	+	+	+	+	+	+	+	+	+		+	+		+		
R	+	+	+	+	+	+			+		+	+	+	+	+	+	+	+	+						
S	+	+	+	+	+	+	+	+	+										+						+
N	+	+	+	+	+	+	+	+				+							+						
L	+	+	+	+	+	+	+		+		+	+		+	+		+		+						
M	+	+	+	+	+	+	+	+	+			+							+						
C	+	+	+	+	+	+	+	+	+		+								+						
P	+	+		+	+	+	+	+	+																
T	+	+	+	+	+	+	+	+	+		++	+										+			
G	+	+	+	+	+	+	+	+	+																
B	+	+	+	+	+	+	+	+	+					+											
D	+	+	+		+	+	+	+																	
F	+	+	+	+	+	+	+	+								+									
V	+	+	+	+	+	+	+	+										+							
Y			+			+																			
H	+	+									+	+		+											
J	+	+		+		+	+	+																	
X	+	+		+																					
Z	+	+	+	+	+	+		+	+																
Q	+	+	+		+	+	+	+																	
É	+		+	+	+	+	+	+	+		+	+		+	+	+	+	+	+						

Ce tableau se lit : après A, toutes les lettres sont rencontrées, sauf Y ; etc ; avant A on rencontre presque toutes les lettres, sauf O, Y, X, Q, É ; etc.

128

Il me sera impossible de commenter longuement ce tableau. On voit tout
de suite que l'on peut en tirer, même sous cette forme très peu élaborée,
une sorte d'instrument de mesure pour les lettres, celle de leur "degré de
liberté", suivant qu'elles peuvent ou non être suivies de nombreuses lettres.
Ce qui nous donne le tableau schématique suivant :

Lettres	Nombre de lettres trouvées après	Nombre de lettres trouvées avant	Total
A	24	20	44
E	23	20	43
I	19	18	37
O	20	20	40
U	21	20	41
R	22	16	38
S	21	11	32
N	21	10	31
L	13	14	27
M	7	11	18
C	10	11	21
P	9	8	17
T	7	12	19
G	9	9	18
B	9	10	19
D	6	7	13
F	8	9	17
V	6	9	15
Y	6	2	8
H	5	6	11
J	4	6	10
X	-	3	3
Z	3	8	11
Q	1	7	8
É	1	16	17

Dans ce tableau, on a suivi de A à V une progression à base phonétique ; sont rejetées ensuite les lettres sur lesquelles pèsent de fortes
contraintes graphiques, ce qui ne les rend pas nécessairement faciles à interpréter phonétiquement. On constate que les 5 voyelles ont un degré de
liberté très élevé, voisin de l'absolu (50) en particulier pour A et E. On
voit aussi que si A et E peuvent être suivies pratiquement de toutes les
lettres, elles ne peuvent être précédées de toutes les lettres. Un cas tout
particulier concerne la possibilité pour les lettres d'être suivies d'elles-
mêmes. Parmi les voyelles, selon le tableau, seules A, E et O ont cette propriété. En réalité, notre codage a ici infléchi la réalité, car le scribe
écrit très bien UU à l'intérieur, mais nous avons toujours codé, suivant
le cas VU ou UV. Les autres lettres qui peuvent se redoubler sont R, S, N,
L, C (pour les mots OCCIDANT et OCCISION et le scribe écrit aussi OCISION),

B (pour ABBE, ABBES, ABBEZ, mais écrits aussi avec un seul B) et F (pour DEFFENDRE, OFFERTE et OFFRE). Dans ce dernier cas, les formes en question existent seulement avec FF (avec une occurrence chacune) mais on a par exemple en face DEFAUTE, etc. On a donc l'impression que le scribe de B adopte encore très parcimonieusement la mode qui va commencer au XIVe siècle des doubles occlusives. Pour en terminer avec les redoublements, ils sont généralement possibles seulement en position interne, toutefois AA se rencontre à l'initiale (AAGE) et EE couramment à la finale. Bien sûr, il n'y a pas d'exemples de lettres triplées.

Voici encore quelques informations complémentaires sur les digrammes et d'abord ceux qui, au nombre de 15 ne se rencontrent que dans une seule forme du texte, avec les occurrences (toujours pour le corpus "reste" uniquement) et la place :

```
AZ  41 finale   FE 5 intérieur   YL 1 initiale
BE   1 finale   GH 1 intérieur
CY   1 finale   LG 1 intérieur
OE   1 finale   SD 2 intérieur
                SJ 1 intérieur
                UÉ 2 intérieur
                UQ 2 intérieur
                ZA 5 intérieur
                ZN 1 intérieur
                ZT 1 intérieur
```

Sans être limités à un seul mot, certains digrammes ne se rencontrent que dans une seule position. En voici la liste :

à l'initiale : AJ ; BU ; YC ; YR ; YV.

à la finale : AÉ ; AX ; EZ ; ÉS ; IZ ; LS ; LZ ; OÉ ; OZ ; PÉ ; RZ ; SÉ ; TÉ ; UX.

à l'intérieur : AH ; BB ; CC ; CT ; EA ; ED ; EH ; EJ ; EO ; EP ; GN ; IB ; IO ; IP ; IQ ; IU ; LC ; LL ; LM ; MB ; NB ; NF ; NJ ; NL ; NM ; NN ; NP ; NQ ; NR ; NV ; OJ ; RB ; RD ; RF ; RG ; FJ ; RL ; RM ; RN ; RP ; RQ ; RR ; SB ; SC ; SF ; SG ; SH ; SL ; SM ; SN ; SP ; SQ ; SS ; SV ; TM ; UB ; UD ; UG ; UM ; UO ; UP.

D'autres digrammes ne se trouvent pas dans une des positions. Aucun n'est d'ailleurs exclu de la position intérieure, mais certains le sont à l'initiale, d'autres à la finale. Sont ainsi exclus de l'initiale :

EC ; EE ; EF ; EX ; IF ; IT ; IZ ; LT ; LZ ; MÉ ; NC ; NG ; NS ; NT ; NZ ; OP ; OY ; PT ; RC ; RÉ ; RS ; RT ; RZ ; UA ; UC ; UF ; UL ; UR ; UT ; UZ ; VÉ ; YS.

Naturellement, certaines de ces exclusions sont la conséquence de celles déjà formulées pour les lettres isolées : digrammes dont la deuxième lettre est un É ou un Z, par exemple. Mais on trouve aussi une règle plus intéressante : toutes exclusions cumulées, les groupes consonnes + occlusives sont totalement illicites à l'initiale, comme cela est constant dans l'histoire du français.

Comme pouvait le faire deviner le fait que les contraintes à la finale sont assez lourdes déjà sur les lettres isolées, celles qui pèsent sur les digrammes finaux sont beaucoup plus nombreuses que celles sur les digrammes initiaux. Essayons de les classer :

    Lettres doubles   AA.

    Digrammes terminés par B B : AB ; OB
                                 D : AD
                                 G : EG ; OG
                                 H : JH ; PH
                                 J : AJ
                                 O : AO ; BO ; CO ; DO ; FO ; GO ; HO ; JO;;
                                      MO ; NO ; PO ; RO ; SO
                                 Q : AQ ; EQ
                                 V : AV ; EV ; IV ; OV.

      Autres cas : AE ; AF ; AG ; AP ; BI ; BL ; BR ; BU ; CL ; CR ; DR ;
                FA ; FE ; FI ; FL ; FR ; GA ; GL ; GR ; GU ; IM ; JE
                (sauf le mot lui-même) ; JU ; MU ; OF ; PL ; PR ; PU ;
                SU ; YM.

On voit que, notamment, outre les exclusions dérivant de celles portant sur les lettres isolées, cette fois les groupes consonnes + L ou R se trouvent éliminés complètement de la finale.

      Pour terminer, je voudrais essayer de montrer ce qui constitue à mes yeux l'un des principaux intérêts de ce genre d'étude, ceci dans la lignée de ce que nous avons déjà vu à propos des consonnes doubles. Certains digrammes existent dans notre texte à l'état, pourrait-on dire, sporadique, alors qu'ils sont absolument courants en français moderne. Je veux parler principalement des groupes CT, PT, JH, PH. Les deux premiers traduisent des données phonologiques du latin, réintroduites dans le français avec les mots d'emprunt. Les deux autres sont eux-mêmes des emprunts au grec en latin. Qu'en est-il sous la plume du scribe de B ?

      En dehors des noms propres, on trouve -CT- comme groupe intérieur dans 4 mots différents : DICTA ; OCTOUBRE ; ESLECTION et VICTOIRE (2 occ.) en face de 2 occurrences de VITOIRE. Pour le groupe -PT-, on a SEPT, SEPTEMBRES (2 occ.) et SEPTEMBRE, BAPTISTE (3 occ.), BAPTISIE et SEPTIESME, soit 6 formes différentes. Hors noms propres, PH se cantonne dans PROPHELIE, PROPHECIE.

      Tout ceci reste absolument négligeable à côté de ce que l'on trouverait dans un texte de français moderne. Il me semble donc que si l'on enregistrait des textes d'ancien français sur ordinateur, même sans avoir réussi à pousser très loin l'analyse grammaticale, automatique ou non, la simple étude des groupes de lettres pourrait faire déterminer à peu près à coup sûr une présomption d'âge linguistique du texte, ainsi que sa couleur stylistique, car on pourrait déjà repérer la trace des données grapho-phonologiques du latin, voire du grec. Comme l'étude des finales est absolument indispensable pour parvenir à l'analyse morphologique automatique, on voit combien l'étude des séquences de lettres est importante à la fois pour résoudre des problèmes graphématiques, morphologiques et même de vocabulaire et de stylistique.

NOTES:

(1) De la même façon, il a fallu retrancher les 20 lettres des mots tronqués qui auraient fait apparaître une fausse possibilité de 0 à la finale.

(2) Le corpus d'ensemble a 321 digrammes réalisés sur 729 attendus.

L'EMPLOI DES FRONTIERES DE MOT EN FRANÇAIS

Sanford A. SCHANE

University of California at San Diego

0. Dans les descriptions phonologiques on rencontre des types diffé-rents de symboles pour marquer des frontières--par exemple, frontières de morphème, de syllabe, de mot, de locution, etc. Stanley (1973) a essayé de motiver ces diverses frontières ainsi que d'autres.

Dans mon exposé je vais considérer seulement la frontière de mot et son utilisation en français. Je vais en examiner trois emplois qu'on trouve dans la littérature : (1) pour indiquer la présence ou l'absence de la liaison ; (2) pour signaler des mots en "h aspiré" ; et (3) pour rendre comp-te de certains processus purement phonologiques. Je vais démontrer que la frontière de mot est indispensable pour la troisième situation mais que l'on n'en a pas besoin pour décrire les deux premières.

1. Je crois que c'est Milner (1967) qui a proposé le premier l'emploi des frontières de mots pour indiquer les environnements où se fait la liai-son : deux mots en liaison sont séparés par une seule frontière de mot, tan-dis que l'absence de liaison est signalée par deux occurrences de cette frontière. Considérons les exemples classiques : *un savant Anglais* (adjec-tif - nom) et *un savan(t) anglais* (nom - adjectif). Ces deux syntagmes au-ront respectivement les représentations suivantes :

(1) a) adjectif - nom   b) nom - adjectif

    ##un#savant#Anglais##   ## un#savan(t)##anglais##

Admettons l'analyse où la consonne de liaison fait partie de la re-présentation de base ; cette consonne est supprimée où il y a absence de liaison. Cela veut dire que pour l'exemple (1) où le *t* final de *savant* pré-cède un mot commençant par une voyelle, la consonne finale sera supprimée avant deux occurrences de la frontière de mot (ex. 1b) mais non pas avant une seule (ex. 1a). La règle qui effectue la suppression de la consonne est énoncée en (2).

(2)   C → Ø / __ ##

Ce traitement a un certain attrait intuitif   une corrélation directe entre le nombre de frontières et la force de la séparation des deux mots contigus. Où il y a une seule frontière la séparation est faible, ou autrement dit, les deux mots sont étroitement liés l'un à l'autre ; par con-tre, la présence de la double frontière indique que la séparation est plus forte, que les deux entités sont plutôt distinctes. Cette manière de parler s'accorde avec le point de vue traditionnel. Grammont (1961), par exemple, prétend que *un savant Anglais* constitue une seule unité de sens tandis que *un savan(t) anglais* comprend deux unités ; en outre les deux locutions ont des courbes intonationnelles bien différentes.

Cet emploi des frontières de mot est accepté par Dell (1973), et je m'en étais aussi servi (Schane 1974 b). Mais parmi tous les auteurs cités personne n'a abordé le problème de savoir comment serait correctement distribué le nombre de frontières. C'est Selkirk (1972), qui aborde sérieusement cette question. Comme point de départ elle adopte quelques principes de Chomsky et Halle (1968), en particulier l'idée que le nombre de frontières de mot est engendré par la structure syntaxique. Chaque mot appartenant à ce qu'ils appellent "une catégorie lexicale" (nom, adjectif ou verbe) comporte de chaque côté une frontière. Chaque syntagme (groupe nominal, groupe verbal, groupe adjectival, etc.) est également entouré d'une paire de frontières. Par contre les catégories non-lexicales (articles, pronoms, prépositions, certains adverbes, etc.) n'en contiennent pas. En plus une séquence de frontières est réduite à deux au maximum et chaque phrase se termine par deux frontières. Cela veut dire qu'à l'intérieur du même syntagme on trouve une seule frontière entre un mot non-lexical et le mot suivant (voir 3a), mais deux occurrences de la frontière entre deux mots lexicaux (3b), tandis que deux mots appartenant à deux syntagmes différents sont toujours séparés par une double frontière (3c).

(3) a) ## les # amis ##
         ## dans # un # an ##
         ## très # heureux ##
         ## ils # ont # accepté ##
         ## je # suis # ici ##

     b) ## savan(t) ## anglais ##
         ## parle(z) ## italien ##

     c) ## le # peti(t) ## arrive ##
         ## donne # le(s) ## à # Pierre ##
         ## donne ## des # livre(s) ## à # Jean ##
         ## elle # voi(t) ## un # homme ##
         ## je # vai(s) ## à # Marseille ##

D'après Selkirk la théorie de Chomsky et Halle tient compte de la majorité des cas où la liaison a lieu et aussi où elle ne se fait pas. Les exemples cités en (3) en donnent une idée.

Revenons aux exemples cités en (1). Les principes énoncés prédisent correctement la situation où le nom est suivi d'un adjectif (ex. 1b) car il s'agit de deux catégories lexicales ; par conséquent il n'y a pas de liaison. Mais malheureusement la même prédiction est faite si l'adjectif précède son nom (ex. 1a). Donc les principes tels qu'ils sont formulés n'engendraient pas la seule frontière requise ici. Pour corriger cette mauvaise situation Selkirk est obligée d'avoir des règles spéciales pour réajuster la sortie de la syntaxe. Ces règles enlèvent ou insèrent une frontière de mot dans les structures où les faits de liaison ne s'accordent pas avec ce qui est produit par les principes généraux. Par exemple, à l'intérieur du

syntagme nominal Selkirk a besoin d'une règle de réajustement qui enlève une
frontière de nom entre un adjectif et le nom suivant.

Il est à remarquer que ces ajustements dépendent aussi d'un style particulier. Les exemples (3) caractérisent plutôt la conversation. Dans le
style qu'on appelle "soutenu" on fera encore davantage de liaisons. Par exemple, il y a la liaison produite par les terminaisons flexionnelles. Cela
arrive quand la consonne finale marque le pluriel d'un nom ou d'un adjectif
ou fait partie d'une terminaison verbale. Syntaxiquement le mot faisant liaison est suivi d'un complément qui est toujours ou une catégorie lexicale
ou bien un syntagme entier. En principe il devrait y avoir deux frontières
de mot et par conséquent empêchement de liaison (voir (4) ci-après). C'est
ce qui se passe pour les styles familiers. Pour le style soutenu, où s'effectue la liaison, Selkirk est donc encore obligée de postuler une règle
de réajustement, une règle qui enlève une frontière située après une terminaison flexionnelle.

(4)
   ## des#syntacticiens#(#) éminents##

   ## des#chats#(#)aux#yeux#(#)oranges##

   ##ils#sont#prêts#(#) à#partir##

   ##elle#voit#(#)un#homme##

   ##je#vais#(#)à#Marseille##

Or il est bien connu que des propriétés syntaxiques conditionnent la
liaison. Il est très tentant d'avoir une théorie où la distinction entre
syntagmes et catégories lexicales, d'une part, et catégories non-lexicales,
d'autre part, détermine la liaison. Quoique les principes de Chomsky et
Halle ne tiennent pas compte de toute situation, la théorie traite d'une
façon correcte un grand nombre d'exemples.

Rotenberg (1975) a proposé un nouveau traitement de la liaison où le
nombre de frontières n'entre pas en jeu. Rotenberg prétend que la configuration syntaxique de l'arbre de surface suffit à déterminer la présence ou
l'absence de la liaison. Supposons deux mots contigus c et v où c est le
mot se terminant par une consonne et v est celui à initiale vocalique.
Pour les styles conversationnels la liaison aura lieu si les catégories X et
Y dominant c et v respectivement sont des "soeurs" dans l'arbre--c'est-à-
dire, si elles branchent à partir du même noeud A.

(5)
       A
     X Y
     | |
     c v

En (6a) je cite des exemples de la structure (5) ; donc il y a liaison. Les
exemples de (6b) n'ayant pas cette structure n'ont pas de liaison.

(6) a) NP   NP   AP   VP
    Art N   Adj N Quant Adj Cl Aux V
    | | | | | | | | |
    les amis savant Anglais très heureux ils ont accepté

b)

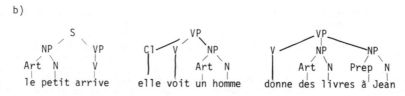

Certes le système de Rotenberg n'est pas sans problèmes. Considérons un syntagme prépositionnel, par exemple *dans un an*, où il y a liaison entre la préposition et ce qui la suit. Ce syntagme ne peut avoir la structure de (7a) ; plutôt il doit avoir celle de (7b).

(7)
a)
```
        PrepP
      /       \
   Prep        NP
    |         /   \
          Art       N
           |        |
   dans   un       an
```

b)
```
          NP
        /    \
    Prep  Art   N
     |     |    |
   dans   un   an
```

Pourtant Rotenberg prétendrait que les structures telles que (7b) ne sont pas inventées par lui dans le seul but de faire marcher sa théorie. mais que dans chaque cas il s'agit d'analyses structurales qu'ont déjà proposées des syntacticiens éminents. Très souvent là où il y a des analyses structurales en concurrence, telles que (7a) et (7b), il est difficile de trouver des arguments convaincants pour justifier une des analyses à l'exclusion de l'autre. Rotenberg aimerait croire que les faits de liaison pourraient servir à décider de quelques-unes de ces situations controversées.

Comme autre exemple de ce phénomène considérons un syntagme nominal avec l'adjectif postposé, un cas de non-liaison. La structure (8a) n'est pas possible car ceci est une configuration de liaison. Ainsi Rotenberg postule (8b) où le noeud phrasal, quoiqu'il ne branche pas, n'est pas élagué.

(8)
a)
```
          NP
        /    \
      N       Adj
      |        |
   savant   anglais
```

b)
```
          NP
        /    \
      N        S
      |        |
              Adj
      |        |
   savant   anglais
```

Cette analyse prétend qu'un adjectif postposé a le comportement d'un complément phrasal. Rappelons également les observations de Grammont : le syntagme nominal avec l'adjectif postposé constitue deux unités de sens, tandis qu'avec l'adjectif préposé il y en a une seule.

Considérons maintenant la liaison des terminaisons flexionnelles dans le style soutenu. Ces occurrences spéciales de la liaison manifestent une structure syntaxique différente, celle de (9) ; on en trouve quelques exemples en (10).

(9)

(10)

chats aux yeux oranges   elle voit un homme   je vais à Marseille

Ainsi, le traitement de la liaison en style conversationnel et en style soutenu se réduit à une différence de configuration syntaxique. Dans les
deux styles la liaison a lieu quand les deux mots sont syntaxiquement appa-
rentés comme "soeurs". En plus le style soutenu permet une relation de "tan-
te et nièce" au cas où il s'agit de flexion.

Pour faciliter l'exposé j'ai dû simplifier un peu les faits de liaison
et je n'ai pu discuter tous les petits détails. Mais je crois qu'il est évident que cette manière de regarder la liaison mérite une considération sérieuse. Dans le système de Rotenberg il n'est pas question de nombre de frontières de mot ni de règles "ad-hoc" de réajustement. La présence ou l'absence de liaison découle entièrement des relations syntaxiques, mais ce qui
est encore plus intéressant, c'est que les règles effectuant la liaison se
réfèrent directement à cette structure, contrairement à ce qu'ont prétendu
la plupart des générativistes.

2. Regardons maintenant une classe de mots qui a un comportement totalement bizarre en ce qui concerne la liaison ainsi que d'autres processus
phonologiques. Ce sont les prétendus mots en 'h aspirés'. Comme tout le
monde le sait, ces mots, quoiqu'ils commencent phonétiquement par un segment
vocalique, se comportent plutôt comme des mots à initiale consonantique.

(11)

les amis	le(s) garçons	le(s) (h)éros
l'ami	le garçon	le (h)éros
bon ami	bõ(n) garçon	bõ(n) (h)éros
vieil ami	vieu(x) garçon	vieu(x) (h)éros

Il y a deux règles de suppression qui vont nous intéresser : celle
qui supprime une consonne devant une autre consonne ou à la pause, et celle
qui supprime un schwa devant une voyelle.

(12) a) $C \rightarrow \emptyset \ / \_\# \begin{cases} C \\ \# \end{cases}$ b) $\vartheta \rightarrow \emptyset \ / \_\# \ V$

De façon que ces règles s'appliquent correctement aux mots en 'h aspiré', j'avais déjà proposé que dans leurs représentations de base ils commencent par une consonne (Schane 1968, 1974 a). Disons que c'est 'h', quoique la nature phonologique exacte de ce segment ne soit pas importante pour
notre discussion. Evidemment c'est la présence d'une consonne qui empêchera
la suppression d'un schwa précédant mais qui entraînera celle d'une consonne. Comme le *h* n'est pas réalisé au niveau phonétique, il doit être éliminé
par la suite, mais seulement après avoir fait son travail. Comme le montrent
les dérivations de (13), la règle (14) doit être ordonnée après les deux
autres.

(13)

	le héros	*les héros*
	lə#hero	lez#hero
C → ∅	--	le#hero
ə → ∅	--	--
h → ∅	lə#ero	le#ero

(14)
  h → ∅

Kiparsky (1968) appelle des règles telles que (14) "règles de neutralisation absolue" parce qu'un segment est éliminé dans tous les contextes ;
phonétiquement il ne se manifeste nulle part. En outre Kiparsky voulait
restreindre les analyses phonologiques de telle façon que les règles de neutralisation absolue ne soient pas permises ou au moins qu'elles soient 'coûteuses" (c'est-à-dire qu'une analyse qui les admet doit être jugée plus
complexe). Evidemment les segments abstraits dont la suppression éventuelle dépend de telles règles ne sont pas acceptables non plus. Par conséquent
les représentations sous-jacentes seront beaucoup plus concrètes. Cela veut
dire qu'un mot comme *héros* commence par une voyelle mais qu'il doit porter
un diacritique ou quelque autre marque spéciale qui sert à le différencier
des mots normaux à initiale vocalique, tels que *ami*. En ce qui concerne les
processus phonologiques, quelques-unes des règles se réfèrent directement
aux diacritiques, tandis que d'autres règles ne s'appliqueront pas parce
que les mots en question sont marqués comme des exceptions.

Selkirk et Vergnaud (1973), d'une part, et moi-même (Schane, 1974 a),
d'autre part, nous avons indépendamment démontré que des solutions qui utilisent les diacritiques ou les traits pour marquer des exceptions entraî-
nent des règles supplémentaires et en outre font manquer des généralisati-
ons importantes.

Kiparsky (1971) a modifié sa position. Il permettrait des segments
abstraits neutralisables à condition que plus d'un seul processus en dé-
pende. Comme il y a plusieurs règles affectant les mots en 'h aspiré' cette
modification nous permettrait de postuler un *h* abstrait.

En dépit du relâchement de la neutralisation absolue, Kiparsky (1973)
a proposé pour les mots en 'h aspiré' une solution concrète, c'est-à-dire
sans consonne initiale. Ces mots sont munis d'une double frontière de mot
qui fait partie de leur entrée lexicale. La représentation de base de *héros*
se voit en (15).

(15)   ##*ero*

Cet emploi de la frontière de mot dépend absolument de l'analyse où
la présence ou l'absence de la liaison est déterminée par le nombre de frontières. Puisque les mots en 'h aspiré' ont la double frontière comme une
partie intégrale de leur représentation lexicale, il y aura toujours deux
occurrences de la frontière quel qu'en soit le contexte.
En (16) on voit les dérivations de *les héros, le héros, les amis* et *l'ami*.
En (17) je répète les deux règles de suppression.

(16)   *les héros*   *le héros*   *les amis*   *l'ami*

            lez##ero   lə##ero   lez#ami   lə#ami

C→∅   le##ero   --   --   --

ə→∅   --   --   --   l#ami

(17)
a)   C → ∅ /__ # { C
                        { #

b)   ə → ∅ /__ # V

Dans *les héros* c'est la deuxième partie de (17a) qui est responsable de la
suppression de la consonne. Dans *le héros* la règle (17b) ne s'applique pas
grâce à la frontière supplémentaire.

Cette manière de traiter les mots en 'h aspiré' a quelques avantages :

(1) on n'a pas besoin de postuler de segment abstrait neutralisable ;

(2) les règles qui entrent en jeu sont les mêmes dont on a déjà besoin
ailleurs ;

(3) aucune règle supplémentaire n'est nécessaire.

Quoique cette analyse possède un attrait considérable, je voudrais démontrer
qu'elle a quelques défauts assez sérieux. Elle n'est pas compatible avec
d'autres phénomènes phonologiques qui n'ont pas été pris en considération
par Kiparsky.

Regardons les quatre contextes de (18)

(18)   (a)   (b)   (c)

            — # V   —# C   — ##

            le petit_# ami   le peti(t) #garçon   voilà le peti(t) ##

            (d)

            — ## V
            le peti(t) ## arrive

La règle (17a) ne s'applique pas à (18a) ; donc le *t* final de *petit* n'est pas supprimé. Dans les autres cas il l'est : le *t* final de (18b) est supprimé par la première partie de (17a), tandis que la deuxième partie de cette règle va supprimer la consonne de (18c) et celle de (18d). Il est extrêmement important de remarquer que c'est la même partie de la règle qui affecte les deux derniers cas. Cela veut dire que la forme d'un mot dans un contexte de non-liaison (18d) sera toujours identique à la forme devant une pause (18c). On peut vérifier cette observation en considérant un mot comme le chiffre *six*, qui a un comportement plus compliqué que celui de l'adjectif *petit*.

(19)   (a)   (b)   (c)   (d)

    six#amis   si(x)#garçons   en # voilà six##   six## arrivent

    [z]   ∅   [s]   [s]

Le *s* final de *six* est voisé dans un contexte de liaison (19a) ; il est supprimé devant une consonne (19b) ; mais exceptionnellement il est retenu à la pause (19c). Donc le mot *six* (et *dix*) fait exception à la deuxième partie de la règle (17a), mais non pas à la première partie. Encore une fois nous voyons que le contexte de non-liaison (19d) est identique à ce qui se passe devant la pause. Ces exemples montrent que la consonne finale de *six* n'est jamais supprimée devant deux occurrences de la frontière de mot. Rappelons que dans l'analyse proposée par Kiparsky un mot en 'h aspiré' a toujours une double frontière. En (20) on voit la représentation du mot *héros* précédé de *six*.

(20) sis## ero

Cette représentation donnera la forme incorrecte *[sis ero] (exactement comme [sis ariv] *six arrivent*), et non pas la correcte [si ero].

    Mais ce n'est pas tout. Il y a un autre problème : la règle (17b) est mal formulée. D'après elle un schwa est supprimé à condition qu'une seule frontière de mot le sépare de la voyelle suivante. Comme les mots en "h aspiré' ont toujours deux frontières, un schwa précédent ne tombera pas. Mais il y a aussi deux frontières de mots dans les contextes où ne se fait pas la liaison--par exemple, un sujet nominal suivi de son verbe (voir 21a).

(21) (a)
                                        (b)
        lə# pəti(t)## arivə   lə# prɛtrə## arivə

Substituons maintenant un nominal se terminant par un schwa (voir 21b). D'après la règle (17b) le schwa de *prêtre* ne tombera pas et on aura la forme incorrecte *[prɛtrə ariv] au lieu de la correcte [prɛtr ariv].
Donc la règle (17b) doit être reformulée ainsi :

(22) ə → ∅ / __ # (#) V

    Mais maintenant *le héros* (voir 16) avec ses deux frontières subira la règle et par conséquent on obtiendra l'incorrect *[lero]. Ainsi l'idée de Kiparsky que les mots en 'h aspiré' contiennent des frontières de mot comme partie intégrale de leur représentation n'est pas valable ; on trouve des contradictions dans d'autres domaines de la phonologie.

    L'analyse avec un segment abstrait est-elle donc la seule qui soit réalisable ? Cornulier (1974) a proposé une solution sans segment abstrait. Je n'ai pu trouver aucune contradiction car tous les exemples examinés marchent parfaitement bien. Je ne résume pas ici les idées de Cornulier. Je vais essayer plutôt de formaliser quelques-unes de ses suggestions, de les adapter aux règles que nous avons déjà écrites. Je ne dis pas que ma version lui soit nécessairement acceptable.

    L'idée principale de Cornulier c'est que les mots en 'h aspiré' ont la propriété d'être séparables syllabiquement de ce qui précède. Dans le lexique ces mots doivent être marqués pour la séparation syllabique. (J'emploie le $ pour indiquer une frontière syllabique). Donc *héros* aura la représentation suivante :

(23) $ero

    La règle pour la suppression d'une consonne est reformulée ainsi :

(24)   C →∅ /___#
$$\left\{ \begin{array}{l} C \\ \$ \\ \# \end{array} \right.$$

    En (25) je cite les exemples les plus importants.

(25)   *le héros*   *six héros*   *prêtre arrive*   *six arrivent*

        lə# $ero   sis# $ero   prɛtrə## ariv   sis## arivə

C→∅   --   si# $ero   --   --

ə→∅   --   --   prɛtr## ariv   --

Dans *le héros* c'est la présence d'une frontière syllabique qui empêche l'application de la règle (22) au schva ; par contre le schva de *prêtre arrive* tombe parce qu'il n'est suivi que par des frontières de mot. Dans le cas de *six héros* la consonne finale est supprimée par la deuxième--c'est-à-dire la nouvelle--partie de la règle (24). Comme le *s* final de *six* fait exception à la troisième partie de (24) la consonne est conservée dans *six arrivent*.

    Il est intéressant de noter que la solution de Cornulier comme celle de Kiparsky fait usage d'une frontière dans la représentation phonologique. Mais il y a une différence capitale. La frontière de Kiparsky a un double emploi : l'indicateur lexical des mots en 'h aspirés' et la fonction syntaxique de séparer les mots. Où il y a deux occurrences de la frontière, ces deux emplois se confondent--par exemple, *six héros* et *six arrivent*. Par contre la frontière syllabique de Cornulier est toujours distincte de la frontière de mot. Les deux ne se confondent jamais. Donc il est possible de représenter *six héros* et *six arrivent* d'une manière différente.

    3. Examinons de près la règle (24). Cette règle a trois parties et on pourrait certainement se demander si toutes les trois sont essentielles.

Vennemann (1972) et Hooper (1972) prétendent que la syllabe joue un rôle important en phonologie et que la description de certains processus phonologiques est simplifiée si on a recours à la syllabe. Comme nous avons introduit dans la règle (24) la frontière syllabique, il serait intéressant d'explorer la possibilité d'expliquer la suppression des consonnes en fonction de la position syllabique. Est-il possible de réduire les trois contextes de (24) à un seul, où une consonne est supprimée si elle se trouve en fin de syllabe ?

(26) C → ∅ /—$

    Hooper a proposé des principes pour la division des mots en syllabes. Je répète en (27) des exemples cités auparavant.

(27)

    petit ami   *petit garçon*

    ## pətit# ami##   ## pətit# gars͂##

  (i) $pətit# ami$ $pətit#gars͂$

  (ii) $pə$titami$ $pə$ti*t*gars͂$

    le petit   *le petit arrive*

    ## lə# pətit##   ## lə# pətit## arivə##

  (i) $lə#pətit$ $lə#pətit$arivə$

  (ii) $lə$pə$ti*t*$ $lə$pə$ti*t*$arivə$

Premièrement deux occurrences de la frontière de mot sont remplacées par une frontière syllabique, mais une seule frontière n'est pas touchée (27i). Deuxièmement les mots individuels sont divisés en syllabes d'après des principes bien connus : A l'intérieur du mot s'il y a une seule consonne elle va avec la voyelle suivante, tandis que s'il y en a deux (ou plus), généralement la division syllabique se fait entre elles. Les mots séparés par une seule frontière sont traités d'une façon parallèle, c'est-à-dire comme s'ils constituaient un mot unique (27 ii). Si on applique maintenant la règle (26) à la dernière ligne des dérivations de (27), le *t* final de *petit* sera correctement éliminé chaque fois qu'il est immédiatement suivi de la frontière syllabique.

    Walker (1973) a essayé de formuler quelques règles phonologiques en termes de syllabes et il a noté quelques problèmes. Par exemple, un mot comme *acteur* aura la division montrée en (28), mais on ne veut pas que le *k* soit supprimé par la règle (26).

(28) aktœr$

    Si on accepte mon adaptation de l'analyse de Cornulier, *six arrivent* et *six héros* auront en fin de compte la même division syllabique et on aboutira aux mêmes difficultés qu'on a déjà rencontrées avec l'analyse de Kiparsky, c'est-à-dire l'incapacité de distinguer les deux cas.

(29)　　　##ˌsis## arivə##　　　　　## sis#ˌ$ero##

Ø→$ sisarivə$　　　　　　　sisero$

Or il est certainement possible de résoudre ces quelques problèmes d'une manière ou d'une autre de façon que tout aille correctement. Mais je crois que même s'il est possible de rectifier cette situation, il y a d'autres processus phonologiques qui sont difficiles à décrire en se servant de la frontière syllabique mais dont la description est simple si on se réfère à la frontière de mot.

La voyelle ɔ s'élève en o en position finale. Employant la frontière de mot on peut écrire la règle (30), qui s'applique aux exemples de (31).

(30)　ɔ → o /＿#

(31)　　　　　　*sot ami*　　　　　*sot garçon*

　　　　　　sɔt#ami　　　　　　sɔt# garsɔ̃

　C → Ø　　--　　　　　　　　sɔ# garsɔ̃

　ɔ → o　　--　　　　　　　　so# garsɔ̃

Mais si la règle (30) contient une frontière syllabique à la place de sa frontière de mot, les deux cas se confondent.

(32)　　　　sɔt#ami　　　　　　sɔt# garsɔ̃

　Ø → $　　sɔtami　　　　　　sɔtgarsɔ̃

　C → Ø　　--　　　　　　　　sɔgarsɔ̃

Syllabiquement *sot ami* est identique à *so(t) garçon*—c'est-à-dire le ɔ se trouve toujours en syllabe ouverte.

Comme autre exemple considérons les dialectes où *premier ami* [e] se distingue de *première amie* [ɛ]. Supposons la règle (33) et les dérivations en (34).

(33)　ɛ → e /＿＿r #

(34)　　　　　　*premier ami*　　　　*première amie*

　　　　　　prəmjɛr#ami　　　　　prəmjɛrə#amiə

　ɛ → e　　prəmjer#ami　　　　　--

　ə → Ø　　--　　　　　　　　prəmjɛr#ami

Encore une fois si on a recours à la syllabe les deux cas ne se différencient pas, car le ɛ se trouve dans la même situation syllabique.

(35)　　　　prəmjɛr#ami　　　　prəmjɛrə #amiə

　Ø → $　　prə$mjɛ$ra$mi　　　prə$mjɛ$rə$amiə

C'est encore pire si on essaie de supprimer le schwa au départ. Les deux expressions deviendront identiques syllabe par syllabe.

Un autre processus phonologique est le dévoisement des consonnes en cas de liaison (la règle 36). Considérons la différence entre *grand ami* [t] et *grande amie* [d] (voir 37).

(36) d → t / __ #

(37)   *grand ami*   *grande amie*

                       grãd# ami   grãdə# amiə

       d → t   grãt# ami   --

       ə → ∅   --   grãd# ami

En termes de syllabes les divisions sont semblables.

(38)   grãd# ami   grãdə# amiə

       ∅ → $ grãdami   grã$də$amiə

Même les processus qui ont traditionnellement été décrits du point de vue de la structure syllabique requièrent la référence au mot. Considérons la différence entre *et les petites* et *elle est petite*, où l'article *les* et le verbe *est* sont prononcés [ɛ]. Or il y a un style plus familier où la voyelle ɛ se ferme en e en syllabe ouverte. Cette fermeture affecte l'article *les* et le verbe *est* mais non pas le [ɛ] du pronom *elle*.

(39)   *et les petites*   *elle est petite*

                       e# lɛ# pətit   ɛl# ɛ# pətit

       ɛ → e   e# le# pətit   ɛl# e# pətit

Phonétiquement c'est la qualité de la première voyelle qui constitue la seule différence entre ces deux expressions. Si on ne considère que la structure syllabique les formes deviennent identiques.

(40)   *et les petites*   *elle est petite*

                       e$lɛ$pə$tit   ɛ$lɛ$pə$tit

       ɛ → e   elepə$tit   *e$le$pə$tit

Bien sûr il y a une tendance à fermer certaines voyelles en syllabe ouverte, mais seulement à condition que la frontière syllabique coïncide avec la frontière de mot. Cela veut dire que pour décrire ce phénomène syllabique on doit aussi savoir où se trouvent les frontières de mot.

4. Dans cette étude j'ai examiné divers emplois de la frontière de mot. Sans aucun doute le concept de mot joue un rôle important dans la phonologie du français. La liaison, par exemple, affecte deux mots contigus. Mais ce n'est pas un processus purement phonologique car elle ne se fait que dans certaines conditions syntaxiques. C'est pour cette raison que Rotenberg a pu tenir compte de la liaison en se référant directement à la structure syntaxique. Si on peut réellement traiter la liaison de cette façon, la distinction entre une ou deux frontières de mot a peu d'importance

pour cet aspect de la phonologie française. Cela veut dire que cet emploi
de la frontière, quoique beaucoup de linguistes l'aient accepté, est tout
à fait "ad hoc" et en réalité n'est pas nécessaire.

Le mot est aussi un concept important pour les formes en 'h aspiré'
quoiqu'il s'agisse principalement du lexique. Kiparsky a proposé d'utiliser la frontière de mot pour marquer de telles formes. Bien qu'il y ait des
contradictions internes contre cette analyse, ce n'est pas le seul traitement concret qui soit possible. Cornulier, dans de tels cas, a postulé une
séparation syllabique, qui empêche et la liaison et l'élision. Cette analyse n'a pas les désavantages de celle de Kiparsky. De plus, la séparation
syllabique n'est pas un "truc" sans aucune manifestation concrète. Très souvent la séparation se réalise comme une sorte de pause. Donc l'utilisation
de la frontière de mot pour coder les formes en 'h aspiré' est complètement
superflue.

Finalement on a considéré la possibilité de décrire certains processus
phonologiques entièrement du point de vue de la syllabe. Cette idée est
très intéressante car, quoique le mot sans aucun doute constitue une unité
de la syntaxe, on lit très souvent qu'en français, au niveau phonétique, le
mot n'existe pas mais qu'il s'agit plutôt de groupes phonologiques et de
syllabes. Cependant j'ai démontré que même si le mot n'a pas de définition
phonétique, le concept du mot est indispensable pour la description des phénomènes phonétiques associés à la syllabe. Pour ces processus les règles
doivent se référer aux frontières de mot. En effet je n'ai jamais rencontré
de processus phonologiques en français où les règles écrites en termes de
syllabes soient sans problèmes.

Parmi les trois emplois des frontières de mot discutés dans cette
étude, je trouve un beau paradoxe. Dans les cas où la notion de mot est hors
de question--c'est-à-dire, pour la liaison et pour l'h aspiré'-- il est possible de décrire ces phénomènes sans référence explicite aux frontières de
mot. Par contre, pour les processus où la notion du mot est moins assurée
et où le concept de la syllabe semble jouer un rôle plus apparent, il se
trouve que les frontières de mot sont absolument indispensables pour l'opération correcte des règles.

REFERENCES BIBLIOGRAPHIQUES

CHOMSKY, Noam et Morris HALLE - 1968 - *The sound pattern of English* . New York : Harper & Row .

de CORNULIER, Benoît - 1974 - "Expressions disjonctives: *h* et la syllabicité", polycop., Luminy . Version développée à paraître dans *Phonology in the 70's*, éd. D. Goyvaerts, Story-Scientia, Ghent, Belgique

DELL, François - 1973 - *Les règles et les sons : introduction à la phonologie générative*. Paris : Hermann.

GRAMMONT, Maurice - 1961 - *Traité pratique de prononciation française*. Paris : Klincksieck.

HOOPER, Joan N. - 1972 - "The syllabe in phonological theory". *Language*, 48. 525-540.

KIPARSKY, Paul - 1968 - "How abstract is phonology ?" Bloomington : Indiana University Linguistics Club.

     - 1971 - "Historical linguistics". *A survey of linguistic science*, ed. par W.O. Dingwall, 577-642. College Park, Maryland : University of Maryland.

     - 1973 - "Phonological representations". *Three dimensions of linguistic theory*, ed. par O. Fujimura, 87-129. Tokyo : TEC Company.

MILNER, Jean Claude - 1967 - "French truncation rule". *Quarterly Progress Report*, RLE : 86. 273 - 283, MIT.

ROTENBERG, Joel - 1975 - "French liaison, phrase structure and semi-cyclical rules" (non-publié). MIT.

SCHANE, Sanford A. - 1968 - *French phonology and morphology.*Cambridge, Mass. : MIT Press.

     - 1974a - "Some diachronic deletion processes and their synchronic consequences in French". *Diachronic studies in Romance linguistics*, ed. par M. Saltarelli et D. Wanner. La Haye : Mouton.

     - 1974b - "There is no French truncation rule". *Linguistic studies in Romance languages*, ed. par R.J. Campbell, M.G. Goldin et M.C. Wang. Washington, D.C. : Georgetown University Press.

SELKIRK, Elizabeth O. - 1972 - *The phrase phonology of English and French*. Thèse doctorale. Cambridge, Mass, : MIT.

SELKIRK, Elizabeth O. and VERGNAUD J.R - 1973 - "Ow abstract is French phonology ?" *Foundations of Language* 10 : 249 - 254.

STANLEY, Richard - 1973 - "Boundaries in phonology". A *festschrift for
Morris Halle*, ed. par Stephen R. Anderson et P. Kiparsky. New
York: Holt, Rinehart and Winston.

VENNEMANN, Theo - 1972 - "On the theory of syllabic phonology". *Linguistiche
berichte* 18, 1-18.

WALKER, Douglas C. - 1973 - "Syllabification and French phonology". *Cahiers
linguistiques d'Ottawa* 3.

SOMMAIRE

Achevé d'imprimer
sur les presses de l'Imprimerie LAMY
à Marseille le 27 Juin 1978

Dépôt légal 2e trimestre 1978

ETUDES DE
PHONOLOGIE
FRANÇAISE

EDITIONS DU CENTRE-NATIONAL
DE LA RECHERCHE SCIENTIFIQUE

15, QUAI ANATOLE - FRANCE – 75700 PARIS

1978

188242

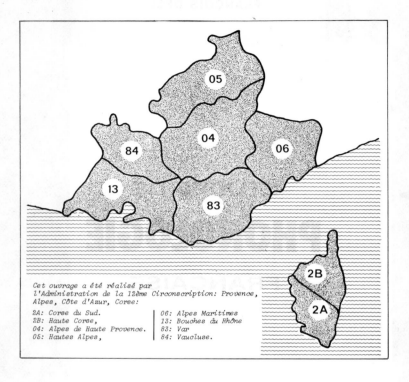

Cet ouvrage a été réalisé par
l'Administration de la 12ème Circonscription: Provence,
Alpes, Côte d'Azur, Corse:

2A: Corse du Sud.   06: Alpes Maritimes
2B: Haute Corse,   13: Bouches du Rhône
04: Alpes de Haute Provence.   83: Var
05: Hautes Alpes,   84: Vaucluse.

© Centre National de la Recherche Scientifique – PARIS 1978
I. S. B. N. 2-222-02317-3